前野　徹

戦後　歴史の真実

扶桑社文庫
0352

前野さんと私――前野コンフィデンシャルの面白さ

石原　慎太郎

竹馬の友という言葉があるが、私と前野さんの関わりは、東急の総帥だった今は亡き五島昇氏の取り巻きの如き門下生として、二十代、三十代を共にした仲間としてである。

私は二十八の年に企画して五島さんのお陰で実現し、五島さんを社長に据えた日生劇場の企画担当の重役として、前野さんは五島さんの秘書グループから抜擢され東急エージェンシーの重役からやがては社長として、五島さんという無類の魅力を備えた人物の薫陶を受けながら社会人として育ってきた。五島さんは仲間内では私のことをシンチャンと呼び、前野さんのことを前ちゃんとも呼んでいたものだ。つまりそれぞれ、太閤秀吉傘下の賤ヶ岳七本槍の一人というところである。

その間も前野さんは五島さんの無任所秘書としてさまざ

まな分野で活躍、暗躍してきた。いろいろな機会に、他のスタッフには預けられないような厄介な責務を負うて五島さんの特使、密使としてその責を果たしてきた。

　五島昇亡き後は、五島さんの盟友だった政界の輝かしき元老中曽根康弘さんのいわばお庭番として、今もなお八面六臂の活躍をしている。

　世の中は籠に乗る人、担ぐ人というが、前野徹という人物は大きな仕事をしていくために選ばれた人間にとって欠かすことの出来ぬ卓抜した担ぎ手の一人といえる。

　こうした人物の視点で捉えた財界政界の裏の裏は、それを動かす人物たちの、世間の目にはとまりにくい挿話を明かされることで初めて見えてくる。前野さんのこの著書は自伝という形で綴られた日本の社会のダイナモたる部分に関する得難いコンフィデンシャルである。

第二章　「大東亜戦争」は、自存、自衛のための戦争だった

――第三章　広島「原爆」で生き残った「最後の経営者」、血涙の告白――

――第五章　日本人のよき伝統と精神を破壊した「戦後教育」――

第六章　「保守」と「革新」を誤報し続けた戦後、マスコミ文化界の大罪

第七章　戦後「国会」をハイジャック、憲法違反を続けた「官僚勢力」

プロローグ　晩秋の京都にて

死んでも死にきれない先輩たちの心情

晩秋の古都・京都の景勝地、東山。観光客でにぎわう清水寺に向かう石畳から、左に逃げ、しばらく歩くと静かな参道の入り口に出る。ダラダラとのぼり坂が続く「維新の道」を登っていくと、京都霊山護国神社の鳥居にたどりつく。その鳥居をくぐって、右手にある「昭和の杜《もり》」の一角に今、私はたたずんでいる。

ここは、坂本龍馬、中岡慎太郎をはじめ、数多くの幕末維新の志士たちが眠る聖地です。龍馬と慎太郎の墓標が中腹に並び、日本の将来をうれいた、彼らの熱くたぎる想いとその魂にひきつけられるかのように、今も多くの老若男女が訪れ、手を合わせている。

その下方、ふたりの墓にいたる階段を右に折れ、ゆるやかに下る小道を歩いていくと、やがてひとつの碑が見えてきます。そして、セラミックスでつくられたモダンなデザインの碑の前に立つと、自動的に解説の声が聞こえてきます。

「当時カルカッタ大学の総長であったラダ・ビノード・パール博士は、一九四六年、東京において開廷された『極東国際軍事裁判』にインド代表判事として着任いたしました……」

極東国際軍事裁判のインド代表判事、ラダ・ビノード・パール博士の顕彰碑《けんしょうひ》――。博士は連合国側の判事でありながら、堂々と裁判の違法性を訴え、法の真理に基づき、被告全員の無罪を主張し判決を下した、いわば「日本の大恩人」です。

極東国際軍事裁判は、俗に「東京裁判」と呼ばれ、終戦直後、開かれたこの裁判により日本の戦犯たちが連合国から不当な裁きを受けました。と同時に、東京裁判の有罪判決により、よき日本の伝統はすべて否定され、日本人の精神的風土は土台から破壊されたのです。後で紹介するように、パール博士は、早くから東京裁判に端を発する、戦後日本の行く末を憂慮《ゆうりょ》し、日本人の将来を心配し続け、裁判終了後も、たびたび来日され、日本国民が東京裁判史観により自虐《じぎゃく》的卑屈におちいらないよう、激励の講演の旅を続けられました。また、博士は国際法委員会委員長としても活躍され、世界に多大な貢献を残されています。こうした功績が認められ、自国インドから最高栄誉賞を、日本からは勲二等瑞宝章を授与されました。

博士は日本の中でも、講演などでしばしば立寄られた京都の地をこよなく愛されており、生前、ご子息に「京都に骨を埋めたい」とまで語っておられたといいます。この博士の願いは、カルカッタで弁護士として活躍されているご子息のプロサント・パール氏を訪問した日本人記者の知るところとなり、平成七年一月七日、中日新聞・東京新聞の第一面に大きく報道され、全国から博士をしのび、その遺徳をたたえようという声が寄せられました。

その結果、発足したのが瀬島龍三・伊藤忠商事特別顧問を委員長とするパール博士顕彰碑建立委員会でした。この会には趣旨に賛同した稲盛和夫・京セラ名誉会長、山口信夫・旭化成会長、高木礼二・明光商会社長らの経済人をはじめ、歴代の京都府知事などが名を連ねており、五千万円の建設費はこれら有志、発起人である同台経済懇話会のカンパによって提供されました。とくに瀬島さんは完成までの三年間、その実現に東奔西走《とうほんせいそう》されたと聞きます。そして、木村幹彦宮司の協力を得て、平成九年十一月二十日、京都東山霊山の聖地、護国神社の「昭和の杜」に建立されたのがパール博士の顕彰碑です。

今、日本はかつてない混迷の中にあります。あれほど繁栄を誇った日本経済は、バブルの崩壊を境に、活力をすっかり失い、企業ではリストラの嵐が吹き荒れ、景気は出口のない暗いトンネルの中をさまよい続け人心は荒廃の一途をたどっています。新聞を開けば、通り魔殺人、子殺し、親殺し、罪なき小学生の衝動殺人、官僚腐敗、警察の不祥事などと、日本人のよき精神風土は、あたかも霧散してしまったかのようです。

この元凶となっているのが、東京裁判によって形勢された自虐的史観だという歴史的事実を現在、指摘する者はあまりいません。しかし、まぎれもなく今の日本の荒廃は、あの東京裁判に端を発しています。

頼みの綱であった経済力は陰りを見せ、現在のまま日本が変わらなければ、間違いなく日本は歴史の一ページに埋没していくでしょう。何とか日本を再生させたい。パール博士の碑の前に立つたびに、私は決意をあらたにせずにはいられません。そして、先輩たちが私たちに託した無念の想いが脳裏《のうり》をよぎり、居ても立ってもいられなくなります。

私が接してきた多くの先輩たちが、東京裁判史観からいまだ脱却できない日本人と日本は、やがて底知れぬ陥穽《かんせい》に落ちていくのではないかと、大きな危惧を抱いていました。時とともに、それが現実になるにつれ、先輩たちは、ある種の焦燥感《しょうそうかん》にさいなまれていたように思えてなりません。私の先輩であった経済人、政治家、文化人……戦後日本のリーダーたちの多くが、東京裁判史観によって、日本人に植えつけられた自虐思想をうれい、自主憲法とはとてもいえない日本国憲法の改正を叫び、鬱勃《うつぼつ》として私たち後輩に戦後の過ちを言葉で指摘してくれました。東京裁判史観、憲法問題、教育基本法……アメリカによって形成された戦後システムの過ちにふれ、日本人の史観を、やがて根本から正さなければ日本の未来はない、と熱弁を振るわれていました。

すでに鬼籍に入られた戦後経済界の重鎮《じゅうちん》・永野重雄さん、リコーの創始者・市村清さん、フジサンケイグループの鹿内信隆さん、パール判事の偉業を伝え、東京裁判の過ちを広く知らしめようとした平凡社創設者で大亜細亜協会理事長の要職にあった下中弥三郎さん、財界のみならず政界にも影響力のあった日本精工の今里広記さん、文化人では、歴史作家の山岡荘八さん、異才の棋士・升田幸三さん、シベリア抑留帰りの作曲家・吉田正さん、そして私が秘書を務めていた東急グループの五島昇さん……。

現存する政治家では、私が四十五年にわたり、私淑している中曽根康弘元総理。伊藤忠商事の特別顧問で、行政改革に手腕を振るった瀬島龍三さんは、今もお会いするたびに、日本の、そして日本人の将来を懸念《けねん》し、東京裁判のことをよく話してくれます。

アメリカの傘が取れ、自由にものがいえるようになっても、先輩たちの声は、未曾《みぞ》有《う》の経済成長にかき消され、世論とはなりえませんでした。東京裁判史観に洗脳された戦後生まれのジャーナリストやマスコミは、一向に日本の将来をうれう先輩たちの言葉をまともに伝えようとせず、見逃し続けてきたことも、大きな要因です。彼らは、戦後の枠組みの思考から抜け出ることなく、その延長線上でしか物事を判断できなかったからです。そのため、アメリカの戦後プロパガンダは、いかにも歴史の真実であるかのように、日本国民に浸透していきました。こうしたマスコミ、文化人の罪については後でお話しする機会があると思います。

結果、東京裁判史観の払拭《ふっしょく》や憲法改正問題は、戦後の大きな禍根《かこん》として残ってしまいました。先輩たちがいつか解決をしなければならないと思っているうちに、五年たち、十年たち、現在にいたっています。戦後の生き証人だった数多くの先輩たちも多くがすでにお亡くなりになっています。矍鑠《かくしゃく》として活躍されている方も相当なご高齢です。時間とともにますます戦後の真実、意味を伝えてくれる先輩たちは減っていきます。後世に伝える役割を託された私たちの世代も、もう若くはありません。私は重い使命感、責任感を今更のように感じずにはいられません。

今、おそらく五十代以下の方で、日本は侵略国家としての歴史を持ち、かつて日本人はアジアに多大な迷惑をかけた悪い民族であったという見方を疑う人はいないのではないでしょうか。日本国憲法は、平和憲法で世界の中でもすばらしい憲法だ、だから守り続けなければならないと考える人がほとんどではないでしょうか。

そう思い込んでいることに関して、みなさんに罪はありません。戦後、何が行われたのか、真実がまったくといっていいほど伝わっていないからです。焦土の癒《い》えぬ日本にアメリカの占領軍が上陸してきたのは、昭和二十年九月二日です。この日からアメリカによる戦後処理が本格的に開始されました。それまでの日本の伝統・文化・歴史を否定した異国人によるあらたな日本国の建国です。歴史はゆがめられ、日本人の民族としての誇りは奪われ、そして世代を重ねるにつれ、日本人は間違った自由主義、個人主義に堕《だ》し、エゴイズムの虜《とりこ》となり、退廃へと進んでいきます。

公共心、愛国心、兄弟愛、両親への恩、本当の意味での公徳の心は、戦後の原点で犯された過ちを見つめなおすところからしか生まれません。国なき者には故郷なく、故郷なき者には父母なく、父母なき者には自分なく……自分が生まれ育った国や肉親をなおざりにして公徳心は生まれませんし、個人の幸福もありえません。

日本が白人優位の人種観と欧米の圧倒的な経済・軍事体制の中で、唯一、有色人種として、白人種に伍す力をつけ、国際的に見すごせない国にまで発展できたのは、日本人ならではの勤勉さと公のルールを守るという美風があったからです。殺伐《さつばつ》とした世の中から脱し、日本が蘇生《そせい》し、二十一世紀世界のリーダーとして国際貢献を果たすためにも、精神の復活が何よりも重要になります。

もし、これなくして、経済的に再び復活し、あらたな文化を奨励したとしても、それは一過性のファッションで終わってしまうでしょう。また、戦後成し遂げた未曾有《みぞう》の経済成長も、砂上の楼閣《ろうかく》になりかねません。真剣に、冷静に、日本の戦後の過ちと対面し、根本から現在の日本に巣くう病巣を取り除き、日本民族のプライドを取り戻さなければ、日本の明日はありえないのです。もう、時間はそう残されていません。タイムリミットはすぐそこまでやってきています。切実感をもって、私は先輩たちの伝承役として、**「戦後五十五年、歴史の真実」**をみなさんに伝えたい。いや私には、先輩から託された思いを伝える重い責務があります。

私には、先に旅立たれた先輩たちの心の慟哭《どうこく》が聞こえます。

「君たちの手で日本の将来を背負う若者たちに、後世に真実を伝えてくれ。私たちの子や孫、子孫たちが、誇りある民族として世界に貢献できるようになるために」

これは私の現在の心境でもあります。孫たちが将来、自分たちの国を蔑《さげす》み、そんな国にしか導くことができなかった私たちを恨むとしたら、死んでも死にきれません。安らかな永久《とわ》の眠りにつくことは、できないのです。

第一章　五十年前に今日の日本の混迷を予言したインド人

「東京裁判」で日本の〝歴史〟は抹殺された

今、二十代、三十代の若い方々は、東京裁判と聞いて何をお感じになるでしょうか。
「そういえば社会の教科書にのっていたような気がする」
といった漠然《ばくぜん》としたイメージしか持っていない方がほとんどでしょう。

歴史に関心がある人でも、太平洋戦争で、アジアの国々を侵略した日本の指導者たちが、A級戦犯として裁かれた裁判といった程度の認識しかないはずです。その正当性を疑う人は、おそらくひとりもいないのではないでしょうか。

しかし、今でも当たり前と考えられている、この日本人の歴史観に今から五十年も前に警鐘《けいしょう》を鳴らしていた外国人がいました。ほかならぬ、極東国際軍事裁判の判事のひとり、ラダ・ビノード・パール博士、その人です。

パール博士は、一八八六年、インドのベンガルに生まれました。三歳で父親を亡くした一家は貧しく、村の学校に通うのがやっとだったといいます。しかし、成績優秀だった博士は、援助を受け、カルカッタ大学、州政府の大学で学び、国際的な法学者としてその名を知られていきます。東京裁判の判事として来日した当時は、カルカッタ大学の学長を務めていました。

博士は、国際法に照らせば、日本は無罪であることを終始主張し続けただけでなく、この不当な裁判によって、日本人の将来が暗くなるのでは、とたいへん危惧《きぐ》されていました。博士の人柄や東京裁判を不当とした論拠については、後で述べるとして、田中正明著『パール博士のことば』には、次のような逸話が出てきます。

東京裁判終了後、四年たって再来日した博士は日本の教科書が東京裁判史観にのっとって、「日本は侵略の暴挙を犯した」、「日本の国際的な犯罪」などと教えていることをうれい、

「日本の子弟がゆがめられた罪悪感を背負って卑屈、退廃に流されていくのをわたくしは平然と見すごすわけにはいかない」

と憤《いきどお》りをあらわにしたというのです。

日本を侵略国と断じた東京裁判の有罪判決で、それまで築き上げられた日本の伝統文化はことごとく否定されました。日本の歴史はゆがめられ、大東亜戦争（太平洋戦争）をめぐる真実は封印されました。

以後、日本人はある種の罪悪感を植えつけられ、多くの日本人が日本の歴史や伝統文化を東京裁判史観に基づき否定的に眺めるようになりました。自身気づいているかどうかは別にして、今、多くの日本人たちが自虐史観、劣等感にさいなまれ、日本民族としての誇りや思想を失い、日本人としてのアイデンティティを喪失しています。

博士は、五十年以上も前に現在の日本人の、日本の混迷を予言し、懸念《けねん》されていたのでした。

国際法を無視した無効裁判

東京裁判とはいったいどのような裁判であったのか。その実体から明らかにしてみたいと思います。

すでに述べたように東京裁判は俗称で、正式には「極東国際軍事裁判」といい、昭和二十一年から二十三年まで二年間、東京の市ヶ谷陸軍士官学校跡で開かれました。東京で行われたので、「東京裁判」の名がついています。日本の断罪は、昭和六年に勃発した満州事変にさかのぼります。満州事変から、大東亜戦争にいたる一連の日本の行為を連合国側は侵略とみなし、占領軍であるマッカーサー司令部が作成した「極東国際軍事裁判条例（チャーター）」に基づき、戦争犯罪人を起訴しました。

起訴されたのは、いわゆる「A級戦犯」と呼ばれる戦争責任者たちです。東條英機元首相を筆頭に土肥原賢二（元陸軍大将）、廣田弘毅（近衛内閣外相）、板垣征四郎（元関《かん》東《とん》軍参謀長）ら二十八名で、昭和二十一年四月二十九日のことでした。

そして、ダグラス・マッカーサー司令官によって任命された、米、英、仏、オランダ、ソ連、カナダ、ニュージーランド、中国、オーストラリア、フィリピン、インドの各国から選ばれた十一人の判事によって二年間にわたる審理が重ねられ、昭和二十三年四月十六日にすべての審理が終了しました。

判決がはじまったのは、同年十一月四日。判決文の朗読が終わると、最後に刑が宣告されました。これが十一月十二日のことです。

東京裁判の判事は次の十一カ国十一人です。

アメリカ代表　マイロン・C・クレーマー
イギリス代表　パトリック

ソ連代表　I・M・ザリヤノフ
フランス代表　アンリー・ベルナール
中華民国代表　梅汝敖
オランダ代表　バーナード・ウィクター・A・レーリング
カナダ代表　E・スチュワート・マックドウガル
オーストラリア代表　ウィリアム・F・ウエッブ
ニュージーランド代表　エリマ・ハーベー・ノースクロフト
フィリピン代表　ジャラニフ
インド代表　ラダ・ビノード・パール

アメリカ、イギリス、ソ連、フランス、中国、オランダ、カナダ、オーストラリア、ニュージーランドの九カ国は日本と交戦した連合国として、フィリピンは当時、アメリカの保護国、インドはイギリスの属領でともに独立国ではありませんでしたが、両国とも連合国に協力し、多大な犠牲を払ったという理由で代表判事に加わりました。裁判長は、オーストラリア代表のウエッブ判事です。

十一人の判事の判決はどうだったのでしょうか。結論からいえば、米、英、ソ連、中国、カナダ、ニュージーランドの六カ国の判事が下した有罪とする判決が多数派として通り、日本国ならびに戦争の首謀者は有罪となりました。

しかし、後の五人は、この六人とは異なる意見書（判決）を提出しています。六人の判決を軽すぎるとしたのは、フィリピンのジャラニフ判事のみで、ほかの四人は六人の意見に疑問を投げかけました。減刑を主張したのは、オランダのレーリング判事。「廣田弘毅元首相は無罪、ほかの死刑囚も減刑せよ。ドイツのナチスの処刑に比して重すぎる」との見解です。フランスのベルナール判事は、「この裁判は法の適用および手続においても誤りがある」と裁判の不当性を指摘し、「十一人の判事が一堂に集まって協議したことは一度もない」と内部告発の声さえあげています。

そして、終始一貫して全員無罪、いや「東京裁判は裁判にあらず、復讐《ふくしゅう》の儀式にすぎない」と強く抗議し、裁判自体を違法として、根底から否定した判事がインドのパール博士でした。

「この裁判は、国際法に違反しているのみか、法治社会の鉄則である法の不遡及《ふそきゅう》まで犯し、罪刑法定主義を踏みにじった復讐裁判にすぎない。したがって全員無罪である」と博士は主張しました。法の不遡及とは、後でできた法律で過去の出来事をさかのぼって裁いてはいけないという法治社会の根本原則です。

多数派の判事が同意した検察側の起訴状の内容は、「東條英機元首相以下二十八人の戦犯は共同謀議を行っていた。目的は侵略による世界支配である。その目的を果たすために通常の戦争犯罪のほかに、〝平和に対する罪〟、〝人道に対する罪〟を犯した」とするものでした。日本は世界征服をたくらみ、アジア各国を侵略していったというのです。

通常の戦争犯罪とは、捕虜の虐待《ぎゃくたい》、民間人の殺戮《さつりく》、放火《ほうか》、略奪《りゃくだつ》などをさします。博士はそれらの戦争犯罪を認めた上で、なお日本を無罪としました。「平和に対する罪」「人道に対する罪」など、国際法上は存在していなかったからです。

いやそれどころか、戦時中は、連合国側にしても敗戦国の指導者を裁こうという発想自体が存在していませんでした。東京裁判やニュルンベルグ裁判の実施は、戦後になってからあわただしく決定されたのです。

ドイツが降伏したのが一九四五年五月七日。この時から戦後処理に向かって、連合国は動きはじめますが、具体的な内容が決まったのは、日本が降伏するわずか一週間前の八月八日でした。この日、ロンドンで英米仏ソの四カ国外相会談が催され、四カ国はヨーロッパ枢軸国《すうじくこく》の「重大戦争犯罪人の審理と処罰のための裁判所を設置するために国際軍事裁判条例を定めること」にはじめて合意します。これに基づき、ドイツの首脳を裁いたニュルンベルグ国際軍事裁判起訴状が十月に発布されました。

この時、ナチス・ドイツを裁くにあたって、連合国側が持ち出してきたのが、「人道に対する罪」「平和に対する罪」です。すなわち、日本とA級戦犯とされた被告たちは事後法によって裁かれたわけです。事後法で裁くことは文明社会では許されていません。

ナチス・ドイツのユダヤ人虐殺（ホロコースト）を罰するためにニュルンベルグ裁判条例で新しく設けられた「人道に対する罪」を、ナチスのような民族大虐殺を行っていない日本に適用したのはあまりにも強引です。

判決は裁判の前から決まっていた

そもそもこの裁判は、最初から違法でした。オーストラリアのウエッブ裁判長とフィリピンのジャラニ判事は法廷に持ち出された事件に、前もって関与していたので判事としては不適格でしたし、協定用語（法廷での公用語）である英語と日本語がともに理解できないソ連のザリヤノフ判事とフランスのベルナール判事らも適切な判事ではありませんでした。ましてや中国の梅汝敖判事は、本来裁判官ではなく、論外です。国際法の学位を持つ判事はパール博士ただひとりというでたらめぶりです。

裁判中の判事たちのふるまいも対照的でした。ほかの判事が観光旅行や宴会にうつつを抜かしている間も、博士は、ホテルに閉じこもり、調査と執筆に専念していました。裁判の間に博士が読破した資料は四万五千部、参考図書は三千部におよんだといいます。

しかも驚くべきことに、裁判を開く前に判決は決まっていたという事実が後に判明しました。博士が、後にご子息、プロサント氏に「裁判所が判事団に指令して、あらかじめ決めている多数意見と称する判決内容への同意を迫った。さらにそのような事実があったことを極秘にするために、誓約書への署名を強要された」と語り残しています。博士はこのようなプレッシャーの中、断固として同調を拒否し続けたのでした。

博士の毅然《きぜん》とした態度は、占領軍、ひいてはアメリカ本国の誤算でした。昭和二十一年の春、マッカーサー司令部は、すでに発布していたチャーター（極東国際軍事裁判条例）を改訂して、すでに任命している連合国九カ国の判事団に加え、当時は欧米列強の統治下にあったフィリピンとインドから判事を招聘《しょうへい》することを決め、英国政府を通じて、インド人の判事の選考を求めました。

選考の結果、選ばれたのがすでに世界の国際法学会で議長団のひとりとして活躍していた国際法の学者、パール博士です。しかし、この選考には大きな裏がありました。それは博士がそれまで職務と学問に精励してはいたが、インドの独立運動に参加していなかったからという選考理由です。インドは長い間、西洋列強の支配に苦しんでいました。後にお話しするように、この列強の支配から脱するための独立運動を支援したのが日本軍だったのです。

なぜ、すでに決定していた判事団にフィリピンとインドの判事をあらたに加えようとしたのか。この駆け込みの変更も、東京裁判の性格を雄弁に物語っています。当初選ばれた判事団には、アジアからは中国一カ国だけしか入っていなかったからです。あらたにアジア二カ国（それも当時は完全な独立国ではありません）の判事を参加させることによって、アジアの多くの国が日本を罪悪視しているという印象を演出しようとしたのです。

ところが、マッカーサー司令部の意に反して、高潔な法律家であった博士は、「法の真理」に準じ、最後まで公正な判決をつらぬき通しました。

博士は「戦勝国が敗戦国の指導者たちを捕らえて、自分たちに対して戦争をしたことは犯罪であると称し、彼らを処刑しようとするのは、歴史の針を数世紀逆戻りさせる非文明的行為である」と論じ、「この裁判は文明国の法律に含まれる貴い諸原則を完全に無視した不法行為」であると宣言しました。

仮に、東京裁判が名目どおり「平和に対する罪」を裁く裁判だとしたら、世界のいかなる国に対しても公正に国際法が適用されてしかるべきです。裁く者は戦勝国民で、裁かれる者は戦敗国民などということがあってはならないはずです。戦争に勝った者が正しく、戦争に負けた者が正しくないなどという理屈は天地がひっくり返っても通らないからです。

英文にして千二百七十五ページ、日本語にして百万語にもおよぶ博士の意見書の末尾には、こう書かれています。

「ただ勝者であるという理由だけで、敗者を裁くことはできない」

東京裁判は、日本を侵略国とするための茶番劇

「法の真理」……パール博士は、この言葉をことあるごとに口にしていらっしゃいました。

東京裁判から四年後、日印協会会長・一万田尚登（日銀総裁）、藤山愛一郎、永野重雄、岸信介ら、当時、そうそうたる四十八人の委員からなる「パール博士歓迎委員会」の招きで再び来日された博士は、羽田空港で待ちかまえた記者団を前に開口一番、この年、はじまった朝鮮戦争にふれながら、こういわれています。

「このたびの極東国際軍事裁判の最大の犠牲は、〝法の真理〟である。たとえば今、朝鮮戦線で細菌戦がやかましい問題となり、中国はこれを提訴している。しかし東京裁判において法の真理を蹂躪《じゅうりん》してしまったために、中立裁判は開けず、国際法違反である細菌戦ひとつ裁くことができないではないか。捕虜送還問題しかり、戦犯釈放問題しかりである。幾十万人の人権と生命にかかわる重大問題が、国際法の正義と真理に

のっとって裁くことができないとはどうしたことか」
「戦争が犯罪であるというのなら、今朝鮮で戦っている将軍をはじめ、トルーマン、スターリン、李承晩、金日成、毛沢東にいたるまで、戦争犯罪人として裁くべきである。戦争が犯罪でないというなら、なぜ日本とドイツの指導者のみを裁いたのか。勝ったがゆえに正義で、負けたがゆえに罪悪というなら、もはやそこには正義も法律も真理もない。力による暴力の優劣だけがすべてを決定する社会に、信頼も平和もあろうはずがない。われわれは何よりもまず、この失われた〝法の真理〟を奪い返さなければならぬ」

　博士は、この時、東京裁判で国際法を踏みにじったために、今後も戦争は絶えることはないだろうという不気味な予言を残しています。

「今後も世界に戦争が絶えることはないであろう。しかして、そのたびに国際法は弊《へい》履《り》のごとく破られるであろう。だが、国際軍事裁判は開かれることなく、世界は国際的無法社会に突入する。その責任は東京で開いた連合国の国際法を無視した復讐裁判の結果であることをわれわれは忘れてはならない」

　この予言が不幸なことに当たり続けているのはみなさんがご承知のとおりです。いい例がベトナム戦争（一九六四年～七三年）です。この戦争では、明らかにハーグ条約で定められた国際法に違反する毒ガスや生物化学兵器が使用されたにもかかわらず、国際法はまったく機能できませんでした。そしてその後、相次ぐ世界の紛争や事件の中にはほかにも国際法に抵触しているものがたくさんあります。しかし、国際法はあってなきがごとしです。今では誰ひとり、その存在すら口にすることなく、博士が予言したように今や世界は国際的無法社会に突入しています。

第二次世界大戦後、ニュルンベルグと東京で行われたふたつの裁判は、当時の連合国の言い分によれば、「二度とこのような悲惨と愚劣を繰り返さないために、恒久《こうきゅう》平和と人道のために」ということになっています。

ところが、恒久平和どころか戦後五十五年、紛争の絶えたことはなく、今、アメリカ、イギリス、フランス、ロシア、中国、北朝鮮、インド、パキスタン、イラク……など世界の国々の多くが軍備拡張に血道をあげ、大量殺戮《さつりく》兵器・原爆の開発を平然と行っています。このような平和と人道をおびやかす、人殺しの拡大を裁く法律もなければ、裁判所もない。もし、東京裁判の精神が平和と人道のためならば、軍備を増強している国々こそ、今、裁かれなければならないはずです。

博士は帝国ホテルで開かれた「パール博士歓迎委員会」主催の歓迎レセプションでも、「日本への同情からではなく、私はあくまでも真実を真実として認め、法の真理にのっとって、日本の無罪を主張したのだ」と、心情を吐露しています。

東京裁判のでたらめぶりは、数えきれません。たとえば、東京裁判の「日本はアジアを侵略した」という判決も、非常に恣意《しい》的でした。なぜなら、国連で侵略行為の定義が決まったのは、ずっと後で一九七四年のことだからです。つまり、東京裁判は最初から日本を侵略国として断罪しようとした裁判だったのです。

まず第一、マッカーサー司令部の主導で裁判が行われたこと自体が違法です。前述したように、マッカーサー司令部の手によって、チャーター（極東国際軍事裁判条例）が発布され、改訂されました。そればかりか裁判の判決記録は、マッカーサー司令官に送られ、その審査にゆだねられました。本来は一時的な行政官のトップにすぎないマッカーサーが、司法と立法を行使し法を制定したわけで、三権分立の原則からいっても、民主主義の基本を無視したものでした。

東京裁判は、国際法にのっとった公正な裁判とはとてもいえません。東京裁判は日本を侵略国と断じ、封じ込めるための狂言でしかありませんでした。博士が、日本を無罪としたのも当然でした。

ナチス裁判より重い東京裁判の裁き

いかに不公平極まりない裁判が行われたか。同様に敗戦国であるナチス・ドイツを裁いたニュルンベルグ裁判と比較しても、その意図的な判決ぶりがよくわかります。

第二次世界大戦で、ナチスの戦争犯罪人に関する方針がはじめて連合国で話し合われたのは、一九四三年、モスクワで開催された英米ソ三カ国の外相会談の席上でした。当時、すでにナチス・ドイツは連合軍の反撃に屈し、敗色濃く、連合国側は戦後処理へと早くも動いていました。その結果「モスクワ宣言」が出され、ナチス戦争犯罪人の徹底追及が決議され、東欧、北欧などナチス・ドイツに占領された国々は、自国でナチス戦争犯罪人を処罰する権限を持つことに決まりました。

これを受けて、四五年二月四日から十一日まで、三カ国首脳によって開かれたのがヤルタ会談でした。この会談でドイツの戦後処理、ソ連の対日参戦が決議され、いよいよ第二次世界大戦は終結へと向かっていきます。

四五年四月三十日、ヒットラーが自殺。その二日後に、ベルリンが陥落し、ドイツの敗戦が明らかになるにつれ、ナチス指導者の逮捕が本格化しました。連合軍が各地で逮捕したナチス指導者は二十三人で、彼らの身柄はいったんベルギーやドイツのヴィスバーデンに設置された仮拘置所に移送された後、八月十二日、軍用機でドイツ東南部のニュルンベルグに送られました。ニュルンベルグは戦前、ナチス・ドイツがユダヤ人弾圧を宣言した、中世より栄えたドイツの歴史的な都市です。戦犯たちをこの地で裁いたのが、ニュルンベルグ裁判です。

裁判は十一月二十日からはじまり、拘置中に自殺した二人を除く、二十一人が法廷に立たされました。合計四百三回の審理が重ねられ、翌四六年十月一日に言い渡された判決は、次のとおり。死刑十二人、終身禁固刑七人、無罪三人。逃亡中のナチ党官房長のマルティン・ボルマンには欠席裁判で死刑判決が下されました。十月六日には絞首刑が執行され、死刑台の露と消えていきました。

しかし、この十二人を除けば、裁判はドイツみずからの手にゆだねられ、結局、戦後約二百万人のナチ協力者がリストアップされたにもかかわらず、ほぼ全員が何の罰も与えられず、社会復帰を果たしています。

東京裁判では、連合国の一方的な裁きがまかり通り、ナチス戦犯に対しては、西ドイツによって裁判も処罰も行われた。これは、どう考えても、公平さを欠いているとしかいいようがありません。連合軍の言い分どおり、東京裁判が恒久平和への道を確立するために行われた公正な裁判だとしたら、少なくとも戦勝国の代表だけではなく、日本の判事も加えるべきでしょう。

パール博士も、ニュルンベルグ裁判と東京裁判の間にある「差別」について、次のように指摘しています。

「一九五〇年のイギリス国際事情調査局の発表によると『東京裁判の判決は結論だけで理由も証拠もない』と書いてある。ニュルンベルグにおいては、裁判が終わって三カ月目に裁判の全貌を明らかにし、判決理由書とその内容を発表した。しかるに東京裁判は、判決が終わって四年になるのにその発表がない。ほかの判事は全員有罪と判定し、私一人が無罪と判定した。私はその無罪の理由と証拠を微細に説明した。しかるにほかの判事らは、有罪の理由も証拠も何ら明確にしていない。おそらく明確にできないのではないか。だから東京裁判の判決の全貌はいまだに発表されていない。これでは感情によって裁いたといわれても何ら抗弁できまい」

ニュルンベルグ裁判と東京裁判は、第二次世界大戦の敗戦国と戦犯を裁いた同質の戦争裁判だと考えている人がいるとしたら、それは誤った認識です。ニュルンベルグ法廷が裁きの対象としていたのは、あくまでもナチス・ドイツであって、ドイツ人ではありません。かたや東京裁判は、日本国並びに日本人を裁くために行われた裁判でした。

批判を一切禁じたGHQ

パール博士の指摘を待つまでもなく、東京裁判はまぎれもなく戦勝国による「復讐裁判」です。いかに執念深い復讐の儀式であったか、その起訴が行われた日を振り返ってみればわかります。極東国際軍事裁判条例によってA級戦犯が起訴されたのが、昭和二十一年四月二十九日。この日は何の日か、お忘れになっている方はいないでしょう。そう、昭和天皇の誕生日です。

また東條元首相をはじめ、土肥原賢二、廣田弘毅、板垣征四郎、木村兵太郎、松井石根、武藤章の戦争の首謀者とみられていた七名が処刑された日が、昭和二十三年十二月二十三日。十二月二十三日もまた、日本国民にとって特別な日です。当時の皇太子、今上天皇の誕生日です。天皇誕生日にわざわざ起訴し、皇太子の誕生日に処刑を断行する。これが復讐裁判でなくて、何なのでしょう。

しかも、博士の弁にもあったように、東京裁判の判決は、ずっと隠されていました。博士が無実を主張したことも、その論拠もいまだ日本国民には伏せられたままです。東京裁判の法廷は、インド、オランダ、フランス、フィリピン、オーストラリアの各判事による少数意見の判決を認め、法廷記録には残しています。しかし公開の場で宣告されたのは、多数派の有罪判決だけでした。少数意見を隠すことによって、あたかも判決が全員一致で決まったかのごとく装ったのです。このことだけを取っても、裁判の公開の原則、宣告の原則を犯した違法な手続きです。

そうした事実が、公にされたのは、実は、裁判が終了して四年もたった昭和二十七年四月二十八日のことです。それも新聞やラジオを通じて、公式に発表されたわけではありません。サンフランシスコ講和条約が施行され、日本が再び主権を取り戻したこの日、一冊の衝撃的な書籍が発売されました。太平洋出版社発行の『パール博士述・真理の裁き・日本無罪論』(田中正明著)です。満を持して全国の書店で一斉発売された、博士の日本無罪論はたいへんな反響を呼び、多くの日本人に博士の名が知られるところとなったのでした。

この本が出版される過程には、次のような逸話が残っています。

著者の田中氏は、東京裁判で東條元首相らとともに処刑された松井石根陸軍大将の秘書で、松井大将の密葬の夜、東京裁判弁護団副団長の清瀬一郎、大将の弁護人であった伊藤清の両弁護士からパール判決の存在を聞かされたそうです。十一名の判事の中でただひとりの判事が裁判の違法性を指摘し、無罪を唱えたことを知った田中氏は、判決文書を是が非でも入手して、戦後、罪悪感に打ちひしがれている日本国民に警鐘を鳴らしたいと願うようになりました。

そこで田中氏は、清瀬、伊藤両弁護士の事務所をあらためて訪ね、秘密保持の念書を入れて、和訳タイプした博士の判決書を借用、原稿用紙に筆写し、これを元に四年後、世に『パール博士述・真理の裁き・日本無罪論』を問うたのでした。

なぜ、出版にこぎつけるのに四年もの歳月を要したのでしょうか。

占領下では、マッカーサー司令部により厳しい言論統制がしかれていたからです。マッカーサー司令部は、言論活動の自由を保障したポツダム宣言に違反して、約三十項目にわたる表現活動の禁止を発令していました。第一の禁止事項は占領軍総司令部に対する批判、第二が東京裁判への批判、第三が新憲法、第四が検閲制度に関する批判と続いていきます。つまり、東京裁判への批判は、第一級の禁止事項で、裁判の判決に異を唱えようものなら即刻逮捕、出版物もたちまち押収されます。そのため、博士の判決に関して、新聞もたった一行「インドの判事が異色の意見書を提出した」としかふれなかったほどです。

そこで田中氏と出版元は、秘密裏に準備を進め、日本の主権が回復した昭和二十七年四月の末に発売をしたというわけです。

東京裁判の違法論議に加わらない日本の不思議

パール判決書は、今もって公式には発表されることなく、闇の中に葬《ほうむ》り去られています。しかし、東京裁判が国際法上では、正当性のかけらもない無効な裁判であるという評価は、すでに世界の常識となっています。なぜなら、裁判に関わった当事者たちが後に次々と非を認めたからです。

まず、裁判が行われた当初から、パール博士と同じく、意見書を出し「ドイツのナチスに比して刑が重すぎる。減刑せよ」と判決に疑義を投げかけていたオランダのレーリング判事。彼は帰国して後、オランダのユトレヒト大学で教鞭をとり、国際法学者として名を知られるようになります。レーリングが七十八歳で亡くなる八年前に彼が東京裁判の真相を書き残した本が刊行されています。『ザ・トウキョウ・トライアル・アンド・ビヨンド』(「東京裁判とその後」)です。この著書の中で、戦災の爪痕《つめあと》も生々しい首都圏を目の当たりにしたレーリングは、次のように述懐《じゅっかい》しています。

「われわれは日本にいる間中、東京や横浜をはじめとする都市に対する爆撃によって市民を大量に焼殺したことが、念頭から離れなかった。われわれは戦争法規を擁護《ようご》するために裁判をしているはずだったのに、連合国が戦争法規を徹底的に踏みにじったことを、毎日見せつけられていたのだから、それはひどいものだった。もちろん、勝者と敗者を一緒に裁くことは不可能だった。東條(元首相)が東京裁判は勝者による復讐劇だといったのは、まさに正しかった」

そして、「侵略」の定義さえなかった時代に、日本の侵略戦争と断じた愚挙《ぐきょ》にふれ、博士が危惧したのと同じく、「次の戦争では、勝者が戦争を終結した時に新しい法律をつくって、敗者がそれを破ったといって、いくらでも罰することができる、悪しき前例をつくった」と、この違法裁判が後世に残した禍根《かこん》にふれています。

また、レーリングは「連合国側の犯罪行為については、一切取り上げることは許されなかった」と振り返り、東京裁判が最初から有罪を前提としたいかにひどい裁判だったかを暴露しています。

レーリングの告発は続きます。連合国の犯罪行為には、指一本ふれさせなかったウエッブ裁判長はしばしば泥酔して法廷にやってきました。そのことを明かした上で、レーリングは、「二流の人物」「とうてい役不足だった」とウエッブ裁判長を酷評し、みずからをも含め、パール博士を除く判事が、国際法に関しては素人同然だった事実を認めたのです。レーリング自身、当時、ユトレヒト大学で蘭領東インド（現インドネシア）の刑法について教えていたので、アジアのことを少しは知っているだろうというだけの理由で選ばれたといいます。

当事者たちも告白している東京裁判の違法性

東京裁判の過ちを認めたのは、レーリング判事だけではありません。レーリングから「とうてい役不足」と酷評されたウエッブ裁判長も、東京裁判の主席検事で米国の代表者、キーナン検事も、後に東京裁判は国際法に準拠しない違法裁判であることを認める発言を行っており、現在、東京裁判の正当性を信じている法律家は皆無《かいむ》といっていいほどです。

東京裁判を画策した張本人のマッカーサー元帥でさえ、昭和二十五年十月十五日、ウエーキー島でトルーマン大統領と会見した際、東京裁判は誤りだったとの趣旨の告白を行ったばかりか、翌年五月三日に開かれたアメリカ上院の軍事外交合同委員会の聴聞会においても、「日本が第二次世界大戦に突入していった理由の大半は、安全保障だった」と明言しています。GHQでマッカーサーの側近であったホイットニー少将の回想録にも、マッカーサーの次のような発言が出てきます。「敗戦国の政治指導者を犯罪人としたことは忌わしい出来事だった」と。

マッカーサーは当初、「真珠湾に対する〝騙し討ち〟だけを裁く裁判を望んでいたのだが、ドイツでニュルンベルグ裁判がはじまってしまったので、日本に対してもやむなく同様の裁判を行わなければならなくなった」と苦しい心の内を語っていたようです。

裁判終了後、ホイットニーがオランダにレーリングを訪ねています。このとき交わされた会話も当時のGHQ幹部たちの複雑な心境を伝えています。

ホイットニー「東京裁判は人類の歴史の中で、もっとも偽善的なものだった。あのような裁判が行われた限り、息子が軍人になるのを禁じざるをえなかった」

レーリング「なぜか」

ホイットニー「アメリカも日本と同じような状況に追い込まれたら、日本がそうしたように戦うに違いない」

国際法の常識では、占領軍は占領地の国内法を尊重しなければならないとなっています。この基本的な決めごとすら無視して、東京裁判は行われたのですから、東京裁判に関わった当事者たちが非を認めても当然です。

なのに、ひとり日本人のみが、東京裁判から五十年以上たった今でも、その正当性を疑おうともせず、東京裁判史観に呪縛《じゅばく》され続けている。これはいったいどうしたことでしょうか。

当時、欧米など世界の法学者の間では、すでに東京・ニュルンベルグの両軍事裁判の是非について激しい論争が展開されていました。そして、多くの学者たちが、東京裁判の正当性に疑問を呈し、裁判に対する反省を口にしていました。欧米のマスコミもさかんにこのニュースを流し、ロンドン・タイムズは二カ月間にわたって論争を連載、多くの書籍も出版されたほどです。ところが、被害国であるはずの当の日本は、議論に参加しないばかりか、マスコミも国民もこの重大な国際問題に無関心でした。「同胞たちが、牢獄で苦しんでいるというのに、議論にソッポを向き、国際正義を勝ち取ろうともしないのはどうしたことか」と博士は、日本人のふがいなさ、無関心、勉強不足に痛く失望し、憤慨《ふんがい》すらされていたというのです。

裁いた連合国側ですら東京裁判の違法性が議論されたのに、なぜ日本では世論が盛り上がらなかったのか。後で述べるように、最大の原因は、占領軍による戦後のプロパガンダが成功していたためです。そのため、本当に日本に侵略意図があったのか、戦犯に法的根拠があるのかなどの本質にふれることなく、日本人は東京裁判史観を受け入れていきました。

本来、問題を指摘すべき、当時の日本の有識者や法律家、それを伝えるべきジャーナリストは、あえて東京裁判から目をそむけ、歴史の真実を解き明かそうとせず、アメリカのご機嫌をうかがってばかりいました。

それだけならまだしも、外務省は、英文パンフレットまでつくって、東京裁判に対する御礼を出していたのですからあきれます。当時は、アメリカの影響力が大きく、「アメリカがくしゃみをすれば、日本が風邪を引く」といわれた時代です。独立を果たしたとはいえ、まだ日本はアメリカの庇護《ひご》がなければ、経済的にも、国際政治の場でも、力を持ち得ませんでした。

しかし、そんな状況下でも、日本の国益を考えれば、間違いは間違いとして正し、将来への禍根は断ちきっておくべきでした。ここで道を誤ったために、「長いものには巻かれろ」「ことなかれ主義」という戦後の悪しき習慣が日本国民に浸透していったといっても過言ではありません。

原爆を投下された被害国がなぜ謝罪する

読者の中には、「いや、日本人は東京裁判史観に縛られてなどいない」と感じる方がいるかもしれません。大東亜戦争は、話に聞くだけで、もう自分たちの世代とは関係ない。日本人は、自虐的な史観を持ち続けていると考えるのは、それこそ被害妄想ではないか、と思われる方もいるでしょう。

だが、果たしてそうでしょうか。毎年、八月六日の広島原爆記念日や、八月九日の長崎原爆記念日には、「ノーモア広島」を合い言葉に犠牲になった人々の慰霊祭が開催され、また八月十五日の終戦記念日には戦争で亡くなった方たちの追悼が行われます。その席上やニュースで必ず聞こえてくるのは、「私たちは、あの過去の悲劇を二度と繰り返しません」という反省の言葉です。また、広島の原爆慰霊碑には、「安らかに眠って下さい　過ちは繰返しませぬから」と刻まれています。

これはどう考えても納得がいきません。悲劇を繰り返さないといいますが、加害者は、原爆を投下して、二十万人もの命を奪ったアメリカです。勝敗はすでに決していたのに、大量殺人を犯したのは、アメリカのほうなのです。しかも、原爆を広島に投下するにあたり、アメリカは、明らかに最初から大量殺戮《さつりく》を意図していました。原爆が落とされる少し前、広島の上空にB29が来襲し、空襲警報が鳴り、広島市民は、防空壕に難を逃れました。しかし、敵機はそのまま広島上空を通過、空襲警報は解かれました。夏の蒸し暑い日のことです。防空壕から出てきた市民たちは、シャツを脱ぎ、上半身裸になって、涼を求めました。そこに再び戻ってきたB29が原爆を投下して皆殺しにしたのです。

なのに、なぜ、被害者であるはずの日本が原爆投下を謝り続けなければならないのか。これはわれわれ日本人の間に、自虐的な史観が刷り込まれている証拠です。

平成七年、ワシントンの米国立スミソニアン博物館が先の世界大戦終結五十周年を記念して広島に原爆を投下した爆撃機B29「エノラ・ゲイ」展を企画し、爆心地の惨状の写真、熱線で気化した少女の遺品、広島、長崎の原爆資料館から借りた資料などの展示を予定しました。しかし、原爆投下を決める過程の記述をめぐり、米国空軍協会、米国退役軍人協会などの強硬な反対にあい、スミソニアン協会も要求をのみ、展示は大幅に縮小されました。ところが、日本政府は、公式には何の抗議もせず、ほとんどの日本人が、これに疑問を抱きませんでした。堂々と日本人に対して無差別殺人をしかけた戦闘機が飾られるというのにです。

パール博士は、この日本人の原爆に対する態度をさして、「東京裁判で何もかも悪かったとする戦時宣伝のデマゴーグがこれほどまでに日本人の魂を奪ってしまったとは思わなかった。東京裁判の影響は原爆の被害よりも甚大だ」と嘆かれました。来日された博士が広島の原爆慰霊碑に献花して黙禱《もくとう》を捧げた時の言葉です。

「この『過ちは二度と繰り返さぬ』という過ちは誰の行為をさしているのか。もちろん、日本人が日本人に謝っていることは明らかだ。それがどんな過ちなのか、わたくしは疑う。ここに祀ってあるのは原爆犠牲者の霊であり、その原爆を落とした者は日本人でないことは明瞭である。落とした者が責任の所在を明らかにして『二度と再びこの過ちは犯さぬ』というのなら肯《うなず》ける。

この過ちが、もし太平洋戦争を意味しているというのなら、これまた日本の責任ではない。その戦争の種は西欧諸国が東洋侵略のためまいたものであることも明瞭だ。さらにアメリカは、ＡＢＣＤ包囲網をつくり、日本を経済的に封鎖し、石油禁輸まで行って挑発した上、ハル・ノートを突きつけてきた。アメリカこそ開戦の責任者である」

広島、長崎への原爆投下がどれほど残忍な行為で、どんな意味を持っていたかは、第三章であらためて振り返ってみたいと思います。

戦後五十五年、日本の誤りは「東京裁判」から始まる

東京裁判は、結局、日本人に「東京裁判史観」という名の虚構をつくりだすための茶番劇にすぎませんでした。戦後も日本をアメリカの支配下に置くための策謀です。アメリカの狙いはまんまと成功し、戦後、日本はアメリカから押しつけられた枠組み

の中で、戦前とは断絶した国家を築き上げました。それは多分に、日本人の国民性、文化、歴史に合っているとは言いがたいものでした。さらに戦後、すでに半世紀以上が経過しており、アメリカの指導のもとでつくりあげたシステムは老朽化し、日本の現状にはそぐわなくなっています。それでなくとも、戦後アメリカの占領体制を維持しようという意図のもとにつくられた現在の体制を基盤に国づくりを進めていっていいわけがありません。

ジャーナリストの日高義樹氏の表現を借りれば、「日本の政治体制はもともと『占領時代の日本の状態をできる限り長く続けさせる』というアメリカの意図のもとにつくられた。一九五一年九月八日、サンフランシスコで対日講和条約が調印され日本は独立国になったが、日本国という建物は屋根も柱も壁もすべてアメリカがつくったものである。いまや日本国は築五十年以上の老朽家屋になり、あちらこちらにガタがきている」(日高義樹『アメリカの怖さを知らない日本人』ＰＨＰ研究所刊)ということになります。言い換えれば、戦後からの脱却、真の意味での独立国づくりを行わない限り、日本の未来はないのです。

東京裁判史観＝自虐史観は、わかりやすく言えば、自己否定、卑屈、盲従、無定見をもたらす精神構造の形成です。事実、現在の日本人は何の批判精神も持たず、思考を停止させ、ただ大勢に盲従し、精神的には奴隷のごとき境遇に甘んじています。人が人として生きてはいないのですから、自分自身の存在すら肯定できません。

自己がないどころか、自己を否定しながら生きる。これでは自尊心や自立心が生まれるはずもなく、自分を粗末にする若者たちが激増しました。自分を大切にできない人間には、他人に対するやさしさや思いやりも芽生えません。いま最大の問題となっている日本人の精神の荒廃は、東京裁判から始まっています。

戦後の出発点から、日本は誤っています。その過ちの上に、いくら経済発展を遂げてこようと、やがて行き詰まってしまうのは自明の理でした。日高氏のたとえに従えば、土台が最初から傾いている上に、家屋を建て増築してきたようなものです。やがて傾く運命にありました。いくら修繕しても、基礎がしっかりしていなければ、何度でも倒れます。根本から土台を正さなければ、確かな国づくりは実現しません。私たちは、戦後スタートの過ちを今こそ根本から是正しなければなりません。

「パール博士」顕彰碑の左壁面には英語の原文で、右壁面には和訳でこう書かれています。

時が熱狂と偏見を

やわらげた暁には
また理性が虚偽から
その假面を剝ぎ取った暁には

その時こそ正義の女神は
その秤を平衡に保ちながら
過去の賞罰の多くに
そのところを変えることを
要求するであろう

（パール判事判決文より）

第二章

「大東亜戦争」は、自存、自衛のための戦争だった

侵略戦争と断言した細川元首相の罪は大きい

平成五年八月十日、首相の座についた日本新党の細川護熙《もりひろ》さんは、首相就任後、初の記者会見に臨《のぞ》み、「先の戦争をどう認識しているか」と質問され、「私自身は、侵略戦争であった、間違った戦争であったと認識している」と答えました。

さらに細川首相は、同年八月二十三日、国会における所信表明演説の中で、「わが国の侵略行為や植民地支配などが多くの人々に耐えがたい苦しみと悲しみをもたらした」と言明しました。戦後、日本の首相が「わが国は侵略国家」と断定したのは、はじめてのことです。

私は、この細川首相の一連の発言を目の当《ま》たりにし、断腸の思いに駆られました。新聞記者の質問の中にある先の戦争とは、大東亜戦争であることは明らかです。なぜ、大東亜戦争を侵略戦争と断言できるのか。なぜ、一国の首相が、根拠もなしに日本を侵略国家と認めたのか。歴代の首相が、侵略戦争だと欧米や中国から決めつけられても、決してその事実を認めなかったことの意味を細川首相はわかっていらっしゃったのか。

以来、謝罪主義が日本の政治家に定着します。社会党（現社民党）の村山富市内閣時代になると、謝罪主義、自虐主義は最高潮に達しました。

平成七年六月九日には、戦争責任を認める「戦後五十年国会決議」などという噴飯《ふんぱん》ものの決議が衆議院本会議で採択され、日本は「植民地支配と侵略的行為」を世界に詫《わ》びます。

さらに終戦五十年の八月十五日には、村山首相は首相官邸で記者会見し、「戦後五十年に当たっての首相談話」として「日本の植民地支配と侵略によって、多くの国々、とくにアジアの諸国の人々に多大の損害と苦痛を与えた」と発表、大東亜戦争は侵略戦争と断定し、「痛切な反省の意を表し、心からお詫びの気持ちを表明します」と平身低頭してひたすら頭を下げました。

平成八年の年初、政権を投げ出した村山内閣をついだ橋本龍太郎首相も、終戦記念日の前日、元従軍慰安婦に宛てた「おわびの手紙」で、従軍慰安婦への軍の関与を明記し、謝罪したかと思えば、終戦記念日にはアジア諸国民への加害に言及、「深い反省と哀悼の意」を表明しました。

鳩山由起夫さん、菅直人さんらが中心となって平成八年の秋に誕生した民主党にいたっては、「日本は何よりも、アジアの人々に対する植民地支配と侵略戦争に対する明瞭な責任を果たさずに今日を迎えている」とし、元従軍慰安婦への深い反省と謝罪を党の基本政策にかかげているほどです。みずからを罪なき罪で断罪し、謝罪を繰り返すという愚かな風潮をつくりあげてしまった細川元首相の罪は非常に大きいといわねばなりません。

こうした流れから見ると、一昨年、中国の江沢民国家主席が来日した折りの小渕恵三首相の毅然とした態度は、非常に立派だったといわねばなりません。江沢民主席が、再三再四、日本の歴史認識を改めるよう求めたのに対して、頑として応じなかったからです。

細川内閣以前においても、宮沢喜一内閣の河野洋平官房長官が、韓国の従軍慰安婦問題について、事実関係を調べもせず、強制連行があったと認め、大問題になりました。この一連の流れを毅然とした態度で断ち切った小渕元首相の功績は、高く評価されるべきだと思います。

苦悩と絶望の連続、当時の指導者たち

読者のみなさんには、もしかすると、私の憤《いきどお》りがおわかりにならない方がたくさんいらっしゃるかもしれません。日本が中国を侵略したために、日米決戦に突入したという歴史観が一般的で、戦後教育を受けた若い人たちは、これに疑いを持つ人はほとんどいないだろうからです。しかし、すでに指摘したように、これはアメリカの占領政策によって植えつけられた自虐史観、戦勝国による歴史観なのです。

日本はみずから進んで大東亜戦争の端を開いたのではありません。いわんや、侵略の意図などはじめからみじんもありませんでした。開戦前夜の昭和十六年四月、日米交渉がはじまってから対米戦争を決意するまで、昭和天皇、政府、軍の首脳部は苦悩に苦悩を重ねています。誰ひとりとして勝算を持って開戦に踏み切ったわけではありません。当時の東條首相は「清水《きよみず》の舞台から飛び降りる覚悟で、開戦した」と語っています。京都・清水寺《きよみずでら》の舞台は深い断崖絶壁《だんがいぜっぺき》に立っています。当時の日本の指導者た

ちは、その深い谷へ飛び込む心境で開戦を決意したのです。

当時、内閣書記官長だった星野直樹氏はまさに開戦を迎えようとする昭和十六年十二月八日、午前三時に起床すると、首相官邸に急いだといいます。星野内閣書記官長は、その回顧録で次のようにその心境を吐露《とろ》しています。

「いよいよ今日から日本はいままでにないいくさに入ってゆく。相手はこれまでにわが国の戦ったことのないアメリカ、イギリスである。この先ははたしてどうなってゆくのであろう。(中略)こう考えているうちに、足の下の地べたがすべっていくような、なんともいえぬうつろなさびしさを覚えた」(星野直樹「太平洋戦争開戦す」『文藝春秋』昭和三十年)

当時、日本の中枢にいた指導者たちはみんな同じ心境で、同日、近衛文麿前首相(当時)も沈痛な思いに駈られていたといいます。近衛前首相は、ほかならぬ細川元首相の祖父です。内田信也氏が近衛前首相や山本五十六元帥の当時の心中を書き残しています。

「ぼくはちょうど熱海の別邸におり、近衛公は湯本のそばの別邸におったので、午前六時ラジオを聴くと同時に電話で打ち合わせをとげ、小田原で落ち合って自動車に同乗、上京を急いだ。道中、公は『今朝ハワイを奇襲したはずだ。ぼくの在任中、山本五十六君をよんで、日米戦についての意見を叩いたところ、彼ははじめの一年はどうにかもちこたえられるが、二年目からはぜんぜん勝算はない。ゆえに軍人としては廟議一決し宣戦の大命降りれば、ただ最善をつくしてご奉公するのみですといっておったが、山本君の気持ちとしては緒戦に最大の勝利をあげ、その後は政府の外交手腕発揮に待つというのが心底らしかった』と述懐された。（中略）

その後につづく勝利に、国民の多くは、軍艦マーチの放送に興奮し、さかんに祝杯をあげたのであるが、一月二日、熱海のぼくの別邸にきて数日を送られた近衛公は、つぎのような話をもらした。

『じつは昨日宮中の年賀式に参内したところ、枢密《すうみつ》顧問官の老人連中がのぼせ上がってしまって、「近衛さん、惜しいことをしましたネ。あなたにこの勝利の栄誉をになわせたかったんだが……」、いやじつに惜しいことをした」と、かわるがわるおなじような挨拶をされたのには、まったく返事のしようがなかったですヨ。あの老人連中までもやはりこのまま勝つと信じているのですかナ。来年の年賀式にはなんとぼくに挨拶することだろう』と、この勝利が一年間続かぬことを断言された。（中略）近衛公は終始一貫、いかに軍艦マーチが高鳴っても、山本大将の意見どおりにこの戦争は一年と続かぬことを信じて、寸毫《すんごう》もゆるがなかった」（内田信也『風雪五十年』、昭和二十六

年）

近衛前首相が暗い表情で、開戦後の見通しを語ったのは、内田氏にだけではありません。開戦のその日、婿にあたる細川護貞氏（細川元首相の父）に「えらいことをやったよ。これで日本は負けたよ」と苦い胸中を告げています。

当時、アメリカの日本に対する禁輸措置によって、日本の石油は底をついていました。通常でも二年持つかどうか。戦時体制では一年がやっと。近衛前首相でなくとも、一年もせずに敗戦を覚悟しなければならないことは明白でした。〝侵略戦争〟を開始するにあたって、誰が勝算なしに決意するでしょうか。誰が苦しみ、悩むでしょうか。

昭和天皇をはじめとする日本の指導部たちの苦悩、苦衷《くちゅう》の決断については、後でもふれますが、当時のソ連に対する対応をとっても、日本が侵略国家ではないと断言することができます。当時、ソ連は欧州戦線において、ナチス・ドイツに攻め込まれ、苦戦を強いられていました。モスクワやレニングラードは陥落寸前。日本の背後からの一刺しは致命傷になりかねない状態でした。実際、ナチス・ドイツは同盟国である日本に、再三再四、ソ連への出兵を要請しています。しかし、百万の関東軍《かんとん》は動きませんでした。もし、日本に侵略の野望があったのなら、ドイツの要請に応じ、好機を逃さずソ連になだれ込んでいたはずです。

アジアを侵略していた欧米列強

大東亜戦争は、あたかも日本が一方的にしかけたように思われています。しかし、史実を客観的に検討してみれば、パール博士のご指摘どおり、ゆえなく日本が戦争に突入したわけではないことがわかります。どんな戦争でもそうですが、戦端を開くには開くなりの理由があります。日支事変から大東亜戦争にいたるまでの、日本ならびにアジアが置かれていた状況を振り返ってみましょう。

今、アジアの国々は独立国として主権を持っています。しかし、大東亜戦争以前は、事情がまったく違います。十九世紀末以降、アジアは欧米列強に蹂躙《じゅうりん》されるがままになっていました。欧米は欲しいままにアジアを侵略しており、インド、ビルマ（現ミャンマー）、セイロン（現スリランカ）、シンガポールはイギリスに支配され、カンボジア、ベトナム、ラオスはフランス領、インドネシアはオランダ領、フィリピンはアメリカの保護国といった具合です。

イギリスのインド支配が確立したのが明治維新の十年前。ビルマは明治十九年に、マレー半島は明治四十二年にイギリスの手に落ちます。明治三十一年、アメリカがフィリピンを我がものとします。明治三十六年にはハワイを奪い、続いてグアム、ウェーク、サモアを米領として北上、侵略の手を東アジアに伸ばしていました。一方、フランスは清仏戦争で明治二十年前後に清からベトナムを奪い、インドネシアが正式にオランダ領となったのは、明治三十七年でした。

すでに十九世紀の半ばにイギリスの侵略を許していた中国大陸は、日清戦争の敗戦を機に、欧米の帝国主義諸国の利権あさりがいっそう激化、英仏独日露などによって事実上、分割統治されており、主権はないに等しい状態でした。かろうじて独立国として存続していたのは、日本とタイぐらいのものです。アジアは、つい最近まで欧米の帝国主義諸国に牛耳られていた歴史を忘れてはなりません。

この歴史的事実ひとつをとっても、日本の中国進出を被害者である中国から責められるのは当然だとしても、欧米諸国から責められるいわれはないのです。むしろ、まず責められなければならないのは、利権むき出しで、武力で強圧的にアジアを先に侵略してきた欧米列強のほうなのです。

パール博士も来日された折り、広島高裁における歓迎レセプションで聴衆を前に、この過去の欧米によるアジアの侵略にふれ、東京裁判を激しく非難しています。「要するに彼ら（欧米）は、日本が侵略戦争を行ったということを歴史にとどめることによってみずからのアジア侵略の正当性を誇示すると同時に、日本の過去十八年間のすべてを罪悪であると烙印《らくいん》し罪の意識を日本人の心に植えつけることが目的であったに違いない。東京裁判の全貌《ぜんぼう》が明らかにされぬ以上、後世の史家はいずれが真なりや迷うであろう。歴史を明確にする時が来た。そのためには、東京裁判の全貌が明らかにされなくてはならぬ。……これが諸君の子孫に負うところの義務である。

わたくしは一九二八年から四五年までの十八年間（東京裁判の審議期間）の歴史を一年八カ月かかって調べた。各方面の貴重な資料を集めて研究した。この中にはおそらく日本人の知らなかった問題もある。それをわたくしは判決文の中に綴《つづ》った。このわたくしの文章を読めば、欧米こそ憎むべきアジア侵略の張本人であることがわかるはずだ。

しかるに日本の多くの知識人は、ほとんどそれを読んでいない。そして自分らの子弟に『日本は国際犯罪を犯したのだ』『日本は侵略の暴挙を敢えてしたのだ』と教えている。満州事変から大東亜戦争勃発にいたる真実の歴史を、どうかわたくしの判決文を通して十分研究していただきたい。日本の子弟がゆがめられた罪悪感を背負って卑屈・退廃に流されてゆくのを、わたくしは見すごして平然たるわけにはゆかない。彼らの戦時宣伝の欺瞞《ぎまん》を払拭せよ。誤った歴史は書きかえられねばならない」（田中正明著『パール博士のことば』より）

この博士の発言には、非常に重要な事実が含まれているのですが、それは後に置くとして植民地政策の根底にあるのは、「有色人種は、白色人種より劣っている」という差別です。イギリスに支配されていたインドに生まれた博士は、幾度となくこの考え方を叩き込まれ、やり場のない激しい反発を覚えていました。博士が十九歳の時、アジアの小国、日本がロシアを破ったというニュースが伝わり、パール青年は大きな感動を覚えました。

今は、アジア人も欧米人もアフリカの人々もみな平等だという考え方が普通になっています。どの人種がすぐれていて、どの人種が劣っているなどと差別的な見方をする人間はいたとしても、ほんの一握りでしょう。しかし、ほんの六、七十年ほど前の第二次世界大戦前後までは、欧米では白色人種は優秀で、有色人種は家畜同然で劣等などという人種差別がおおっぴらにまかり通っていました。その価値観に風穴をあけたのが、日露戦争であり、日英同盟でした。

こうした歴史的事実に関してはおいおいふれていくとして、そもそも日本が中国や朝鮮半島に進出したのは、欧米露の帝国主義国家のアジア戦略があったからです。欧米列強のアジアでの傍若無人《ぼうじゃくぶじん》なふるまいは今述べたとおりで、残された中国、朝鮮半島、日本を各国が植民地支配せんと手ぐすねを引いていました。

また、一方で、十九世紀中頃から、シベリアを東に進み、日本海沿岸に達したロシアが虎視眈々《こしたんたん》と南進を狙っていました。満州や朝鮮半島への進出です。

日清戦争を契機として、欧米諸国の利権あさりが露骨になると、中国（清）では外国人排斥運動が激しくなり、一八九八年には、貧しい中国の農民の間に勢力を広げていた宗教・義和拳《ぎわけんきょう》教の信徒、義和団《ぎわだん》を中心とする民衆が華北一帯で蜂起しました。義和団事件（拳匪《けんぴ》の乱）です。結局、この民衆の抵抗は、日本、ロシア、イギリスなど中国で利権を持つ八カ国の連合軍によって鎮圧されたのですが、その後も、ロシア軍だけはずっと満州に居座り続け、朝鮮半島への支配力を強めようとしました。そこで、起こったのが日露戦争です。

強国ロシアと戦い、勝利を収め、満州を解放したものの、戦争によって十万人もの日本人の尊い命が犠牲になりました。その結果、ロシアから講和で得られたのは、南満州の鉄道経営権などだけで、賠償金はゼロでした。しかも、ロシアの脅威が消えたわけでなく、むしろ、日露戦争によって、ロシアの南進の意図がよりいっそう明らかになりました。やがてロシアが朝鮮を足がかりに日本へと触手を伸ばしてくるのは時間の問題です。日本の危機感は募《つの》るばかりでした。中国大陸でも、蒋介石の国民党政府が着々と力を蓄え、これまた日本にとっては大きな脅威になりつつありました。

そこで日本政府は、日露戦争の勝利で得た南満州の鉄道経営の権利を足がかりにして、満州に積極的に乗り出していき、満州国の建国、さらには韓国併合へと進んでいきました。いってみれば、日本にとって満州建国、韓国併合は自国防衛のためにとったやむをえない手段だったという側面も否定できないのです。

日本を開戦へと追い込んだアメリカ

中国大陸に楔《くさび》を打ち込んだ日本を苦々《にがにが》しい思いで眺めていたのは、欧米列強です。自分たちが食い物にしようとしている中国にあらたに乗り込んできた日本は、欧米列強にとっては邪魔者以外の何でもありませんでした。とりわけ、日本を目の上のタンコブと感じていたのは虎視眈々《こしたんたん》と大陸の利権を狙っていたアメリカです。

日露戦争当時、日米の関係はおおむね良好でした。ロシアとの講和の仲介をとったのも、セオドア・ルーズベルト大統領です。ところが、戦争終結とともに、風向きは一変します。まず、南満州の鉄道経営権をめぐってギクシャクがはじまります。日露戦争中に、日本を支援し、莫大な戦費を貸し付けたアメリカの実業家にハリマンがいます。彼は、鉄道会社の経営者で、日本に南満州の鉄道の共同経営を持ちかけてきました。日本政府は、いったんこの申し出を受け入れ、仮契約までこぎつけますが、小村寿太郎外相が国益上から断固反対し、仮契約を反故《ほご》にしています。

アメリカ政府も、次第に勢力を伸ばしつつある日本に脅威を感じており、満州の利権をひとりじめしようとする日本を食い止めようと必死になります。こうしてアメリカは一気に反日に傾いていったのです。いってみれば、日米の対立は、自国の権益を守るための衝突にすぎません。

アメリカは、以後、日本をあの手この手で揺さぶり、国際社会から孤立させていきます。日本を封じ込めるために、まずアメリカがとったのは、蒋介石へのあからさまな援助です。中国大陸へと歩を進めた日本は、蒋介石政権を相手に日支事変に突入、戦線が拡大し、泥沼の戦いを続けていました。これが欧米諸国の権益との紛糾の種になり、アメリカは蒋介石政権をバックアップすることで、日本を牽制しようとしたのです。

そもそもこの蒋介石政権へのアメリカの援助が、国際法を無視した行為です。昭和十二年の日支事変とともに、アメリカは蒋介石政権に借款を与え、武器を売却するなど間接的な支援をはじめました。その上、義勇航空隊を送って、中国空軍とともに日本軍に応戦します。この義勇航空隊は「フライング・タイガース」と呼ばれ、日本にも知れ渡っていました。フライング・タイガースは、ルーズベルト政権によって派遣されたれっきとした米正規軍です。つまり、義勇軍の名を借りてアメリカは、日本に宣戦布告する前から参戦していたのです。日本の真珠湾攻撃が奇襲だというのなら、アメリカのこの違法行為こそ、騙し討ちというにふさわしいのではないでしょうか。

日米の確執《かくしつ》が本格的に表面化したのは、昭和十四年のことです。この年の七月、アメリカは日本通商航海条約の破棄を日本政府に通告し、十二月にはアメリカ大使が条約の締結を拒否、翌年一月には、日米通商航海条約は失効します。当時、アメリカは、ビルマと仏印（現ベトナム、当時はフランス領）を通じて、軍需物資を蒋介石政権に輸送していました。そこで当時の近衛内閣は、フランス政府と協定を結び、支援ルートを遮断《しゃだん》しようとします。

しかし、この時点でも、日本政府は、急激に悪化しつつあった日米関係を何とか緩和しようと努めていました。にもかかわらず、アメリカはイギリス、中国、オランダと交渉し、共同戦線による経済封鎖、いわゆるＡＢＣＤ包囲網を強化し、昭和十五年には、軍需物資はもちろん、生活必需品の禁輸までしかけてきました。そして昭和十六年には、日本人の在米資産の凍結が断行され、イギリス、オランダもこれに追随します。こうした一連の禁輸措置は、日本に世界貿易を禁止せよというに等しく、貿易国の日本にとっては危急存亡の危機です。

追いつめられた日本は、南進政策を政策レベルで公式に打ち出し、北部仏印に駐留を開始します。これらの日本の動きに、アメリカは、日本に対するくず鉄と鉄鋼の禁輸措置で応じました。また、一方で日本政府は、昭和十五年九月、日独伊三国同盟条約を結び、アメリカに対抗しようとしました。

昭和十六年八月に入って、アメリカは日本に対して石油の全面禁輸を実施します。当時、日本は石油をアメリカとオランダ領だったインドネシアの輸出に頼っていました。石油が一切入って来なければ、国内に備蓄してある少量の石油だけで当面しのぐほかはなく、それこそ死活問題です。日本は、日米交渉が決裂すれば、資源確保のため、日米開戦もやむなしという苦境に追い込まれます。

この時、東京のジョセフ・グルー駐日米大使は、日記に次のように書き込んでいます。

「報復とこれに対する反撃行為との悪循環がはじまった。地獄への道をたどるのはたやすい。もはやなんらかの抜本的な異常な事情がおこらないかぎり坂道を落ちてゆくような今日の事態の惰性をいかにしてくいとめ、またはいかにしてこの事態の発展の行方をつきとめえようか。明白な結論は戦争が不可避であるということだ」

エネルギーの供給源を断たれた国が、それを求めて戦争への道を歩んでいく。これは国際社会では当然の成り行きです。湾岸戦争がいい例です。クウェートを侵略したフセイン大統領率いるイラクに、アメリカは多国籍軍を編成して、五十万人近くの軍隊を派兵して湾岸戦争を戦いました。クウェートの人権が蹂躙《じゅうりん》されたという理由だけではありません。中東が産油地帯で、石油の供給が断たれる恐れがあったからこそ、アメリカはあれほどの軍隊を送ったのです。

経済封鎖に石油の禁輸措置でのっぴきならない事態に追い込まれた日本はやむなく日米開戦を決意、九月六日の御前会議で「帝国は自存自衛をまっとうするため、対米、英、蘭戦争を辞せざる決意のもとに、おおむね十月下旬を目処とし戦争準備を完整す」と決定します。

この前日、近衛首相は翌日の御前会議において決定されることとなった国策要綱について天皇に内奏しています。天皇は近衛首相の説明を聞き、戦争準備を第一に記し、外交交渉を第二にかかげている点を指摘され、「なんだか戦争が主で外交が従であるかのごとき感じを受ける」と感想を述べられます。近衛首相は「そのような意図はなく、あくまで外交交渉を行い、交渉がどうしてもまとまらない場合に戦争準備に取りかかるという意味である」と答えます。しかし、さらにこの点を明らかにするために陸海軍両総長が召致《しょうち》され、天皇から同様の質問を受けるという一幕がありました。

九月六日の御前会議では、前日に引き続き、天皇は外交が主か、戦争が主かと尋ねられます。及川海相が「重点は外交にある」と再度、答えると天皇は懐《ふところ》から明治天皇の御製を記した紙片を取り出し、詠み上げられました。

よもの海みなはらからと思ふ世に
　など波風のたちさわぐらむ

「全員恐懼《きょうく》して、しばらくは一言も発するものなし」と近衛首相が日誌にその時の様子を記しています。

御前会議では、その後、永野修身海軍軍令部総長が発言を求めて、苦しい胸のうちを切々と語っています。この永野総長の発言こそ、当時の日本首脳の心境を如実に物語っているものでした。

「政府側陳述によれば、アメリカの主張に屈服すれば亡国必至であるとのことであったが、戦うもまた亡国であるかも知れない。すなわち戦わざれば亡国必至、戦うもまた亡国を免れぬとすれば、戦わずして亡国にゆだねるは身も心も民族永遠の亡国であるが、戦って護国の精神に徹するならば、たとい戦い勝たずとも祖国護持の精神がのこり、われらの子孫はかならず再起三起するであろう。統帥部としてはもとより先刻申したとおり、あくまで外交交渉によって目的貫遂《かんすい》を望むものであるが、もし不幸にして開戦と決し大命が発せられるようなことになるならば、勇躍戦いに赴《おもむ》き最後の一兵まで戦う覚悟である」（角田順『太平洋戦争への道』）

この永野軍令部総長の苦衷《くちゅう》に満ちた言葉でもわかるとおり、日本は、この時点でも戦争の準備は進めるが、できることなら外交で開戦は回避したいと望んでいました。

十月十六日に近衛内閣が総辞職、東條内閣が誕生します。軍人内閣を成立させたのは、交戦を主張する軍部を抑え込み、日米交渉を妥結させるためでした。昭和天皇より、何よりも外交努力を行うよう勅命《ちょくめい》を受けた東條首相は、外交に全精力を傾ける決意をし、九月六日の御前会議の決定を白紙に戻し、外相に非戦論者の東郷茂徳を起用します。

戦争を触発した最後通牒「ハル・ノート」

しかし、アメリカは日米和解の意思などはじめからなく、日本を開戦に導くことが目的でした。和解への道を懸命に模索する日本に対して、アメリカが突きつけてきたのは、中国と仏印からの全面撤兵、蔣介石の国民党政権以外の中国における政権を支持しない、日独伊三国同盟条約の事実上の破棄という到底日本が飲めない条件でした。十一月二十六日、ハル米国務長官によって野村吉三郎、来栖三郎両駐米大使に手渡された「日米間協定の提案基礎の概要」、通称「ハル・ノート」です。

ハル・ノートは四月以来、約六カ月にわたり積み重ねてきた日米関係改善のための交渉を踏みにじる内容でした。それまでの合意を一切反故《ほご》にした一方的な通告です。この裏には、アメリカ政府の卑劣な思惑がありました。アメリカは、日支事変の解決を望んではいず、日本が中国大陸の泥沼戦争に足を取られて疲れ果てて大陸から撤退することを願っていました。蒋介石政権を支援したのも、日支事変を泥沼化させ、日本の疲弊《ひへい》を誘うためです。当時の国務省の文書を読めば、日本の力を過小評価して、日本を圧迫しても立ち上がることはないだろうというのがアメリカの見解だったことがわかります。

そのため、アメリカは終始、日米交渉では非妥協的な態度をつらぬき続けます。ルーズベルト大統領もハル国務長官も、日米交渉に当たって大統領と国務長官に多大な影響力のあったスタンレー・ホーンベック国防省政治顧問も当時の欧米人の感覚に従い、日本人には好意を抱いていなかったために、なおのこと大上段から振りかざすような条件を持ち出してきたので、日本には妥協の余地がありませんでした。

しかし、戦争に踏み切るには、大きな障害がありました。世論です。当時、アメリカは孤立主義が支配的なムードになっており、世論が参戦に反対していました。そこで、日本に第一発目を撃たす必要がありました。日本が先制攻撃をすれば、世論も参戦に傾きます。ハル・ノートはいわば、そのための引き金だったのです。

ハル・ノートが手交される前日、ホワイトハウスで、ハル国務長官、スチムソン陸軍長官、ノックス海軍長官が会合しました。出席者のひとり、スチムソン陸軍長官の会議の様子を記録した日記に「われわれが過大な危険にさらされないで、日本に最初の一弾を撃たせるように、どのように誘導してゆくかが話し合われた」と書かれています。すなわち、アメリカ政府は、日本が絶対受け入れることができないことを知りながら、あえてハル・ノートを手渡してきたのでした。その裏にあるのは、日本側より開戦させようという陰謀です。

ハル・ノートには、日本にとってはまさに屈辱的で理不尽な要求が並べられていました。ハル・ノートをワシントンで受け取った時、野村・来栖両駐米大使も、「絶対不可能な条項を含んでいる本案を、このまま本国政府に伝えるべきかどうか迷う」と激しく抗議しています。一読していただければ、ハル・ノートがいかに誠意のかけらもなく、日本を強圧的に元の島国に封じ込めようとするものだったか、おわかりになるはずです。

ハル・ノートでは、「米国、ソ連、オランダ、中国などとの多国間の不可侵条約締結」を求めています。この問題は、それまでの日米交渉には一度も俎上《そじょう》に乗らなかったまったく新しいもので、あえて今さらこのような難問を持ち出すのは、日本をただ困らせ、交渉をいたずらに延ばすための手段としか思えませんでした。

また、「中国および仏印からの即時完全撤兵、蒋介石政権以外の中国のいかなる政権をも支持しない」という条項は、すなわち日本が日露戦争の前の状態に戻ることを意味しています。日本政府は、中国では南京の汪兆銘《おうちょうめい》政権を支持していました。もし、これを変更するとなると、日本の信義は地に堕《お》ち、大陸の地方での排日・抗日運動が高まります。しかも、完全撤兵により警察力も放棄するとなると、大陸に進出している企業が存続できません。ハル・ノートには満州を含むかどうかは明言されていませんでしたが、蔣介石政権以外の政権を認めるなどとなると、満州国の政権も認めないということになりかねません。満州国からの撤退も余儀なくされる可能性もあったわけで、これまで日本が大陸で行ってきたこと、すべてが水泡に帰す恐れがありました。

三国同盟条約の死文化も日本には到底受け入れられない要求です。仮に要求どおり破棄するとなると、日本の国際的信義が疑われ、以後、国際社会で孤立するのは火を見るより明らかだったからです。

ハル・ノートは当時の指導部に激しい衝撃を与えました。東條内閣のなかでももっとも和平を強く望んでいた東郷外相でさえ、ハル・ノートを受領して「自分は眼も眩《くら》むばかり失望に撃たれた」と当時の心境を書き残しています。東郷外相は、さらに「米国を指導者としての対日経済封鎖のみならず、軍事的包囲陣も日に日に強化され、日本の生存もおびやかされて来たので、もはや立ち上がる外《ほか》ないと云《い》うことだった。『ハル』ノートを受諾した後の日本の地位が敗戦後の現在の地位と大差なきものになるべきであることは、まったく疑いの余地はなかった」と戦後、回想しています。

最初から実現不可能な条件を記した最後通告「ハル・ノート」を前に、日本の取るべき道はひとつしかありませんでした。

東條内閣の海軍大臣で、御前会議の一員としてつぶさに一部始終を見た嶋田繁太郎は、東京裁判の被告として法廷に出廷した折り、当時の御前会議の模様を次のように伝えています。

「十一月二十六日、ハル・ノートを突きつけられるまで、政府、統帥部中、誰一人として、米英と戦争を欲したものはいなかった。日本が四年間にわたって継続し、しかも有利に終結する見込みのない日支事変で、手一杯なことを政府も軍部も知りすぎるほど知っていた。天皇は会議のたびに、交渉の成り行きを心から憂《うれ》いていた。そして、第二次近衛内閣も東條内閣も平和交渉に努力せよという天皇の聖旨《せいし》を体《てい》して任命され、政府の使命は日米交渉を調整することにかかっていた」（冨士信夫『日本はこうして侵略国にされた』）

しかし、ハル・ノートは、日本の戦争回避の願いを木っ端みじんに打ち砕きます。

嶋田被告は、東京裁判の法廷でこう陳述しました。

「それはまさに青天の霹靂《へきれき》であった。アメリカにおいて日本の譲歩がいかなるものにせよ、私はそれを戦争回避のための真剣な努力と解し、かつアメリカもこれに対し歩み寄りを示し、もって全局が収拾されんことを祈っていた。しかるにこのアメリカの回答は、頑強不屈にして、冷酷なものであった。それは、われわれの示した交渉への真剣な努力は少しも認めていなかった。ハル・ノートの受諾を主張した者は、政府内にも統帥部内部にも一人もいなかった。その受諾は不可能であり、その通告はわが国の存立をおびやかす一種の最後通牒であると解せられた。この通牒を受諾することは、祖国、日本の滅亡に等しいというのが全般的意見だった」

ジョセフ・グルー駐日米大使もハル・ノートを読み、「戦争になるボタンは押された」と開戦を覚悟したといいます。

パール博士は、その意見書の中で、ハル・ノートにふれ、激しく非難しています。「これと同じ通牒を受け取った場合には、モナコ公国か、ルクセンブルグ大公国のような小国でさえも、アメリカに対して武器を手にして立ち上がったであろう」

かくして、昭和十六年十二月八日の未明、マレー半島に日本陸軍が上陸、ハワイでは真珠湾攻撃がはじまり、日本はアメリカとイギリスに宣戦布告をします。

開戦にいたる経緯を振り返っても、戦争責任を問われるべきは、むしろ日本を開戦へと追い込んだアメリカです。東京裁判で平和に対する罪で日本が有罪とするのなら、アメリカはなお重罪です。

オランダ出身のルーズベルト大統領の「反日感情」

平成十二年一月の産経新聞に非常に興味深い記事がのっていました。執筆者は編集委員の高山正之氏で「オランダは変わらなかった」との見出しが踊っています。高山さんによると、現在のインドネシアがオランダの統治下にあり蘭領東インドと呼ばれた当時、オランダ人の有色人種への蔑視《べっし》は格別のものがあったそうです。たとえば蘭領東インドに在住していたビンネルツの日記には日本人に関する印象がこう書きとめられています。

「日本人は背が低く不潔で、曲がり脚の猿のように醜く、動物の檻に漂《ただよ》う臭気と同じくらい強烈な鼻をつく体臭がする」

植民地の人々に対するオランダ人の意識も同様で、インドネシア人は家畜よりひどい存在として扱われていました。スマトラのたばこ農場の様子を記録した「レムレフ報告書」には現地人を米国の黒人奴隷と同じように扱い、「鞭打ち、平手打ちは当たり前だった」と記録されているといいます。そればかりか、ある農場では「粗相をした二人の女性を裸にして、オランダ人農場主がベルトで鞭打ち、さらに裂けた傷口や局部に唐辛子粉をすりこんで木の杭に縛りつけて見せしめにした」といいます。また、刑務所で過酷な労役を課せられている囚人が、オランダ人の農場より食べ物がいいからと出所を拒んだといった例も伝えられています。

ハル・ノートを日本に突きつけたルーズベルト米大統領も、実はオランダ出身で、「有色人種への差別が格別に強かった」と、ニューヨーク州ハイドパークの大統領私邸で会談した英国のロナルド・キャンベル公使は本国に書き送っています。キャンベル公使が、この会談の席上、大統領から打ち明けられたのが「劣等アジア人種」の品種改良計画でした。

「インド系、あるいはユーラシア系とアジア人種を、さらにはヨーロッパ人とアジア人種を交配させ、それによって立派な文明をこの地に生み出していく。ただ日本人は除外し、もとの島々に隔離して衰えさせる」

このルーズベルトの発言は、ビンネルツの日記の記述とも重なります。ハル・ノートは、まさにルーズベルトがキャンベルに語った内容そのものです。日本人を中国大陸から追い払い、「元の島々に封じ込め、衰退させよう」との狙いだったのです。

アメリカは昭和十六年、在米日本人の資産を凍結します。オランダもそっくりならい、蘭領東インドも日本人資産の凍結を行い、当時、約六千人いた在留日本人を追放しました。戦後もオランダの報復は続きます。戦時中に日本兵に抑留され、粗食と平手打ちを食らったオランダ人たちは、旧日本軍兵士の裁判を実施、連合国中最多の二百二十四人を処刑したのです。アジアの民にかつて自分たちがやっていた行為を日本人から与えられた屈辱が報復へと彼らをかき立てたのでした。オランダ政府も、戦時賠償金を日本政府に要求、日蘭議定書で多額の金銭賠償を日本からもぎとります。

現地で独立運動が起こったのは、対日報復の最中でした。四年間の独立戦争の末、オランダは渋々インドネシアの独立を承認するのですが、この条件が法外なものでした。

独立容認の賠償として、①六十億ドルの支払い、②オランダ人所有の農場などの土地財産の権利の保全、③スマトラ油田の開発費の弁済など、自分たちに都合のよい条件ばかりを突きつけてきたのですから、まさにハル・ノートの時代の欧米至上主義から一歩も出ていません。しかも、福田赳夫首相とサンバス将軍の会談で独立戦争ではオランダが戦闘機、戦車など近代兵器と十万人の兵士を送り込んで、子供、女性を含め八十万人もの現地の人々を殺した事実が確認されています。しかし、それに対する補償はもちろん、植民地時代に対する償《つぐな》いや謝罪は一切ありませんでした。インドネシア政府は、これらの条件をやむなく飲んで、やっと独立を果たします。

話はまだ終わっていません。それから五十年後、オランダ政府は日本軍が戦時中、オランダ人の資産を奪った疑いがあると調査を行っています。調査結果が発表になり嫌疑は晴れたのですが、抑留者グループはいまだに賠償を求める裁判を起こしているそうです。オランダが凍結の名で奪った追放在留日本人の資産についてはまったく調べもせず、一方的な論理を押しつけて、報復を続ける。ここに有色人種蔑視がなくて、何があるといえばいいのでしょうか。オランダ出身のルーズベルト大統領のハル・ノートの根底には、今も脈々とつがれているオランダ人のアジア人に対する蔑視、日本人への敵視の感情が流れていたのです。

東京裁判のオランダ代表判事、レーリングも、「太平洋戦争は人種差別が主因のひとつだった」と分析しています。国際連盟に日本が加盟していた頃、日本は人種平等の原則をその規約に入れるよう主張して、拒まれたことがあります。当時、これに反対するアメリカのカリフォルニア州では多くのレストランが「犬とジャップ立ち入るべからず」との掲示を出していました。

アメリカとソ連はグルだった

平成十二年一月三十一日付の産経新聞社ワシントン支局長・前田徹氏の「VENONA資料」に関する記事もハル・ノートを語る上で見すごすことはできません。

第二次大戦の火蓋《ひぶた》が切って落とされると、アメリカは、国内にある外国代表部と本国との暗号電信傍受とその解読をはじめます。当時、敵性国であった日本に対しては「マジック」、ドイツに対しては「エニグマ」の作戦名で遂行されていました。一方、同盟国であるソ連についてもアメリカは「VENONA」の名で四三年二月に傍受と解読に関する作戦を開始しています。VENONAは、一九九四年に米議会議決で公開が決められ、その翌年から徐々に実態が明らかにされていきます。この過程で出てきたのが秘密文書、VENONA資料です。

この資料によって、戦時中、アメリカではソ連のスパイが暗躍し、大きな脅威にさらされていたことが明らかになりました。たとえばルーズベルト政権下の国務省、財務省、OSS（米戦略情報局）など政府の主要機関に三百人以上の協力者がおり、この事実が暗号の解読で判明したというのです。しかも、これらの協力者の中には十数人の政府高官の名前までありました。といっても、当時、アメリカ政府がこの驚くべき事実を知っていたわけでなく、その実態を把握できたのは戦後になってからだということになっています。

VENONA作戦の本来の目的は、ソ連工作員の活動実態を探り、その動きを阻止することでした。しかし、解読は難航を極め、やっととっかかりができたのでさえ、終戦後の四六年頃でした。さらにスパイの名を特定できたのは、戦後三十年もたった七〇年代半ばのこととされています。

問題は、スパイと特定された政府高官の中に、ルーズベルト政権下、財務省次官までのぼりつめたハリー・デクスター・ホワイトがいたという事実です。当時の財務長官モーゲンソーの日記にホワイトのサイン入りの提案書が出てきます。この提案書には、国務省の弱腰外交を強く非難する前書きからはじまり、六ページにわたる独自の対日交渉案が書かれていました。このホワイトの書いた対日交渉案がのちにハル・ノートの叩き台になったというのです。

対日交渉案の作成は国務省の管轄です。管轄外の財務省高官がなぜ対日交渉案をつくらなければならなかったのか。

私は次のように読んでいます。アメリカ政府は、終戦後三十年たって、ホワイトがソ連のスパイであると断定したということになっていますが、すでに戦前から承知の上で対日交渉の原案をつくらせたのではないか。ハル・ノートは、日本を戦争に追い込むための米ソの合作ではなかったのか。よしんば米ソの共謀はなくとも、アメリカ政府は、あえてソ連のスパイ、ホワイトに原案づくりを命じたのではないか。

かたや共産主義のソ連、かたや自由主義のアメリカ、対立するイデオロギーを持つ両国が手を組むはずはないと思われるでしょうが、こと日本を叩きたいという思惑においては両者の利害は一致していました。

日露戦争の敗北、第一次世界大戦を契機に、ロシアで高まった革命気運に押されて、一九一七年二月にレーニンによって樹立された政府が、周辺を次々と侵略し、二二年に建国したのが世界初の社会主義国家・ソビエト社会主義共和国連邦です。すなわち、ソ連は旧ロシア以上の侵略者であり、「革命の輸出国」でした。ソ連は、アジアにも触手を伸ばそうと、虎視眈々《こしたんたん》と満州国を狙っていました。しかし、当時、ソ連は欧州戦線でナチス・ドイツに応戦するのがやっとで、東アジアどころではありません。日本とソ連は、四一年、つまり日米開戦の年の四月、日ソ不可侵条約を結んでいます。日本は南進政策に備えるためであり、ソ連は対独戦に備えるために結んだ条約です。しかし、ソ連にしてみれば日独伊同盟を結ぶ日本がいつ条約を破棄して背後から攻め込んで来ないとも限りません。アメリカが戦端を開いてくれれば、日本の軍事力は日米戦線に割かれることになり、背後からのはさみ打ちの危機は遠のきます。

一方、アメリカにしてみれば、ソ連を利用すれば、後で何かあった時は、ソ連の陰謀だとソ連を悪役に仕立てあげて、みずからの責任逃れができるというメリットがあります。大国のしたたかな外交が、そこにあった可能性は否定できません。

真珠湾攻撃は、「アメリカの陰謀」

「リメンバー・パールハーバー(真珠湾攻撃を忘れるな)」は今でも日本を非難する時にアメリカが使う常套句《じょうとうく》です。開戦ののろしとなった真珠湾攻撃は、対米最後通告を手渡す前に行われたのであり、日米両国がまだ平和関係にある時に、攻撃したのだから、「敵対行為の開始に関するハーグ条約第三号」に違反している。よって「日本人は、宣戦布告なしに真珠湾を奇襲攻撃し、騙《だま》し討ちした卑劣な民族」というわけです。しかし、このレッテルは、アメリカが国民を一致団結させるための効果的な宣伝文句として使用したために広く知られているだけで、真相はまったく別のところにあります。

宣戦布告が遅れたのは、単純な外交上の手続きの不手際でしかありません。日本は、アメリカ側に堂々と宣戦布告をし、開戦する予定でした。事実、日本の外務省はアメリカの日本大使館に向けて、交渉を中止するという電報が真珠湾攻撃の前にアメリカ政府に渡るよう措置を講じていました。ところが、さまざまな理由が重なり、アメリカ側に手渡すのが遅れたのです。

日本政府から日本大使館への電報は暗号で送られるので、解読後、タイプで打ちなおして、その文書を手渡さなければなりません。外務省から打電された対米覚え書きは全部で十四部あり、うち八部が十二月六日午後八時頃（ワシントン時間）までに解読が終わりました。同日、大使館ではひとりの職員の送別晩餐会が予定されており、終了後、電信員たちは職場に戻り、七日明け方までかかり、十三部までの解読を終えます。この時点では最後の十四部は、まだ届いていませんでした。

解読した内容を七日朝からタイピングに取りかかったのは奥村書記官でした。対米覚え書きは、一級の機密文書です。普段、日本大使館でタイプを打っているタイピストを使うわけにはいかず、ただひとり高等官でタイプが打てる奥村書記官がこの任に当たったのです。

この間、修正電報に加え、退職する職員への大臣・局長らの慰労電報が次々と舞い込みます。慰労電報にも「至急」の文字があり、電信員たちはこれらの電報を先に解読したために、十二月七日早朝に着いた最後の電報が暗号解読に回されたのは数時間後。奥村書記官は心理的にせかされたこともあってタイプミスが相次ぎ、アメリカ側の交渉の窓口であったハル国務長官に手渡すべき時間だった午後一時になっても、まだタイプを打っている有様でした。

そして、午後二時五分になって、やっとハル長官の部屋を野村大使が訪れ、覚え書きを手渡します。しかし、時すでに遅し。五十五分前に真珠湾攻撃が開始されていました。

ハルは烈火のごとく怒り、大使を叱責《しっせき》します。日本大使館はまだその情報を得てなかったものの、ハルは一報を受け取っていたからです。しかも、外務省が打電した電報の暗号まですでに解読し終わっていました。つまり、アメリカは、真珠湾攻撃の前、日本大使が訪問する前に、日本に開戦の意志があることを承知の上で、大使と会見し、叱責してきたのです。

日本側の不手際は、アメリカにとっては格好の贈り物でした。「リメンバー・パールハーバー」……これを機にアメリカの世論は、日本への憎しみをいっそうかき立てました。まさにルーズベルト大統領の狙いどおりに事態は進行したというわけです。真珠湾攻撃がアメリカの陰謀で、日本はその罠にはまっただけだという見方は、アメリカの歴史学者や消息通の間でももはや定説といわれています。

アジア独立の契機となった大東亜戦争

大東亜戦争は、「大東亜共栄圏の創設」を合い言葉にはじめられました。アジアの国々が団結して、繁栄しようという考え方です。この大東亜共栄圏の思想自体は、決して間違っているとは思いません。

当時、欧米はアジア侵略の野望に燃え、英米を中心に侵略の機会を狙っていました。欧米の侵略からアジアを守るために、「鬼畜米英」をかかげ、民族の命運を賭けて戦う、これが大東亜戦争の名目です。軍部の勇み足で戦争という愚かな手段に訴え、欧米と同じく侵略的行為に走った中国の場合は、謙虚に反省すべきですが、アジアの国々が欧米諸国の支配から脱し、それぞれが独立国として手をたずさえ、繁栄していこうという大東亜共栄圏の発想そのものは、否定される筋合いのものではありません。

また、大東亜戦争を契機に、一斉にアジアで民族自決運動・独立運動が起こり、多くの国が戦後、次々と欧米列強の支配から逃れたことも厳然たる歴史的事実です。

たとえば、ビルマ（現ミャンマー）です。

ビルマは大東亜戦争の初期に日本がイギリスの支配から解放した後に、日本の手によって一九四三年八月一日に独立を果たしました。日本がビルマ国民軍を創設し、訓練したことが独立につながっています。戦争の最後の年、イギリス軍がビルマに侵攻してくると、アウン・サン国防相はイギリスと連絡を取り、敗退する日本軍を背後から攻めました。しかし、これは日本を恨んでいたからではありません。当時、イギリスはビルマの独立を認めていませんでした。日本が敗北した後、イギリスと交渉を行わなければならないために取ったやむをえない措置で、「抗日」とはほど遠い政治的判断によるものです。

ミャンマーが自国の独立と解放に力をつくした日本に深く感謝をしていることは、その後、ミャンマー政府が当時、貢献した多くの日本軍将校やその遺族たちに最高勲章を授与しているという事実からも明らかです。

インドの独立のきっかけも大東亜戦争にありました。

イギリスの著名な歴史家であるエリック・ホプスバウ・ロンドン大学教授は、二十世紀を回顧した近著『過激な世紀』の中で、「インドの独立はガンジー、ネルーが率いた国民会議による独立運動ではなく、日本軍とチャンドラ・ボース率いるインド国民軍（ＩＮＡ）が協同してインドへ進攻したインパール作戦によってもたらされた」と述べています。インド国民軍は、「Ｆ機関」として知られた日本軍の藤原機関が育成したインド解放軍です。インパール作戦では、日本軍は為すすべもなく、惨憺《さんたん》たる結果に終わりましたが、インド国民軍の将兵たちは「チャロ・デリー」（デリーへ）を合い言葉に善戦、彼らのインドをわが手に取り戻すという目的は達成されました。

一九九七年八月インド独立五十周年の式典が行われました。この式典に参加した外交評論家の加瀬英明氏によると、挨拶に立ったラビ・レイ元下院議長は、「このよき日を祝うにあたって、一九〇五年を忘れることはできない。日本が日露戦争に勝ったことによって、インド国民が勇気づけられて独立運動に立ち上がった」と述べ、独立運動の闘士として知られ、インド法曹界《ほうそうかい》の重鎮でもあるレイキ博士もインパール作戦にふれ、「太陽が空を輝かし、月光が天地を潤《うるお》し、満天に星がまたたく限り、インド国民は日本の恩義を忘れない」と日本への感謝の意を表しています。

戦時中、インパール作戦を戦ったインド国民軍の戦友会（ＩＮＡ委員会）も日本に感謝を示すために、九七年、靖国神社に感謝状を奉納しました。

「インドが日本のおかげをこうむっていることは、言語に尽くせない大きなものがあります。偉大な貴国はインドを解放するにあたって、可能な限りの軍事援助を提供しました。何十万人にものぼる日本軍将兵が、インド国民軍の戦友としてともに血と汗を流してくれました。インド国民軍は日本帝国陸軍がインドの大義のために払った崇高《すうこう》な犠牲を、永久に忘れません。インドの独立は日本帝国陸軍によってもたらされました。ここに日印両国のきずながいっそう強められることを祈念します。

S・S・ヤダフ・インド国民軍全国委員会事務局長　インド国民軍大尉」

一方、インドネシアが独立を宣言したのは、日本で天皇の玉音放送が行われた二日後の一九四五年八月十七日です。インドネシアの独立は、九月に日本が認めることで合意していましたが、その前に日本が降伏したために、イギリス軍とオランダ軍がインドネシアの地を再びオランダの植民地支配のもとに置こうと企て上陸、四年間にわたる独立戦争に突入しました。このとき、迎え撃ったインドネシア独立軍の前身となったのが、戦時中、日本が現地の青年を募って創設した郷土防衛義勇軍（ベタ）です。

ベタでは、インドネシア独立後の国軍をになうべく四万人以上の青年が日本軍将校や下士官によって訓練を受けました。このベタの幹部の中から、スデイルマン・インドネシア軍初代総司令官、スハルト大統領、ウマル・ウィラハディクスマ副大統領をはじめとする独立インドネシアを支えた人材が多く輩出されており、現在でも、インドネシアの独立に貢献した日本陸海軍将校や、ベタの指導官を務めた日本軍人は深い敬意を払われています。

先人たちはアジアの人々に尊敬されていた

マレーシア独立の父にラジャー・ノンティックという人物がいます。イギリスの支配下にあったマレー半島に日本軍が進撃してきたのは、彼が十六歳の時でした。イギリス軍を破った日本軍は、マレーシア独立のために訓練所をつくり、マレーシアの若者たちに教育をほどこしました。さらに日本政府は、南方特別留学生制度を創設し、独立の指導者養成を行っています。ノンテッツク氏はこの留学生のひとりとして日本に招かれ、終戦後、祖国を独立へと導きました。

後に上院議員となったノンティック氏は、日本軍のマレー人虐殺を調査に来た現地日本大使館職員と日本人教師にこう答えたそうです。

「日本軍はマレー人をひとりも殺していません。日本軍が殺したのは、戦闘で戦ったイギリス軍や、それに協力した中国系共産ゲリラだけです。そして、日本の将兵も血を流しました」

ノンティック氏は、自分たちの歴史・伝統を正しく語りつがない日本人に対して、一編の詩をメッセージとして残しています。

かつて　日本人は　清らかで美しかった
かつて　日本人は　親切で心豊かだった
アジアの国の誰にでも　自分のことのように　一生懸命つくしてくれた

カンボジアのシアヌーク国王は、ご自分で映画を監督し、主演されることを趣味としていました。一九七九年、国王が北朝鮮に亡命中、ピョンヤンで制作・主演された映画に『ポコールの薔薇《ばら》』があります。

映画は金日成主席の肖像画とともに映し出される主席をたたえる字幕ではじまり、日本軍がカンボジアのポコールという町に進駐するシーンから、物語が進んでいきます。主人公はシアヌーク国王扮《ふん》する日本軍部隊の指揮官・長谷川一郎大佐。モニク王妃が町の有力者の美しい娘で、大佐の恋人役として出演しています。映画の中の日本軍は北朝鮮人民軍がエキストラとして動員されたのですが、実に規律正しく描かれており、日本軍がやってくると、民衆は「解放者」として歓呼《かんこ》の声で迎えます。接収したフランス軍司令部の屋上からフランス国旗が降ろされ、日の丸が上がり、長谷川大佐は「日本はアジアを解放するために戦っている」と演説します。夏用の軍装に軍刀を吊した長谷川大佐は終始凛々《りり》しい日本軍人として描かれています。

日本軍がフランス軍と戦う場面もあります。戦死したフランスの司令官の葬儀が日本軍の手によって丘の上の小さな教会で行われます。長谷川大佐も参列し、地中に棺《ひつぎ》が降ろされると、挙手の礼で送る。そこにあるのは、敵には手厚い日本軍の姿です。日本が無条件降伏したとの通信を受けた後、大佐は町の有力者の元を訪ね、ピアノを弾きます。曲は「さくらさくら」。大佐が奏でる旋律が流れるなか、桜が爛漫《らんまん》と咲き誇る春、紅葉に真っ赤に染まった秋の山々、一面白銀の世界となった冬景色と日本の四季が次々と映し出されていきます。国敗れるとも、日本の気高い精神は少しも変わることはないのだと。国王と親しい外交評論家の加瀬英明氏は、この映画を見て「国王の日本に対する思い入れと、アジアの人々がそこまで慕《した》う日本を築いた先人たちの努力に激しく胸を打たれた」といいます。

私たちの先達《せんだつ》は、アメリカが描いているような鬼畜でもなければ、非人道的な悪魔でもありません。

東京裁判でA級戦犯として裁かれた人たちも、法廷では実に堂々とふるまったといいます。東京裁判のオランダ代表判事のレーリングは、自著の中で戦犯だった人々の印象を「ほとんどの被告が超一流の人物だった」と書いています。

「日本人被告はひとりとして卑怯《ひきょう》にふるまうことはなかった。みな威厳《いげん》にあふれていた。私は彼らを直接尋問することは許されなかったが、二年間真正面から見据えるところに座っていたので、その発言を聞き、挙動を観察することができた。私には彼らが大義を守ろうとしていることがよくわかった。彼らはわれわれが望んだように、見苦しくふるまわなかった。私たちは圧倒された」

日本が大東亜戦争を戦ったのは、自存自衛のためでもありましたが、アジアを西洋の植民地支配から解放することも目的のひとつでした。「アジア解放」は開戦後に目的としてつけ加えられたものといわれていますが、アジアの国々に独立を約した裏には、占領地の民衆の協力を取り付けたいという意図があったのも確かです。

しかし、日本の多くの青年たちがアジア解放の大義を信じて、戦野に出ていったのもまた一方の事実です。明治以降、日本ではアジア・アフリカの諸民族を支配する西洋人は「白魔」と呼ばれ、敗戦までは若者たちにとってアジアを白人の支配から解放することが時代の精神でした。戦争中に日本が占領したどの地でも、日本の青年たちは、現地の独立の願いに共感共鳴し、アジア全域にわたって独立の気運がまたたくまに広がっていったのでした。

東京裁判のオランダ代表判事、レーリングもその著書の中で断言しています。「日本はアジアをアジア人の手に取り戻すために戦った。しかし、日本は軍事力を用いて、アジアから西洋の植民地勢力を駆逐する意図はもたなかった。日本の当時の軍事力は防衛的な性格のものだった」と。

仮に日本が日露戦争に勝利せず、大東亜戦争も戦わなければ、アジア・アフリカ地域の民族は、いまだに欧米列強の支配下で虐《しいた》げられていたに違いありません。日本が敗れて、イギリス、フランス、オランダ軍がアジアに戻ってくると、植民地支配を継続しようとし、インドネシアからベトナムにいたるまで長期にわたり戦火が燃え続けたという事実からもそれはうかがえます。第二次大戦が終結するまでは、人間の価値は皮膚の色によって決められていました。日本は、そのいまわしい価値観を正し、人種平等の世界観へと導く一里塚となったのです。

一九七七年、マニラにおける国際会議で、韓国代表が日本を強く非難した時のことです。インドネシアの大統領内外政治担当特別補佐官兼副長官のアリ・ムルトポ准将が発言を求めて、韓国代表をたしなめました。

「日本はアジアの光である。太平洋戦争はアジアの独立のための戦争であったゆえ、本来ならアジア人が戦うべきであったのに、日本人が敢然と立ち上がって犠牲になった」

外交上の戦略として誇張されすぎている南京事件

世に言う南京大虐殺に関しても、かなり誇張した数字がまかり通っていると反論する識者は少なくありません。戦争なのですから、もちろん中国人犠牲者は出たでしょう。しかし、歴史を検証した結果、少なくとも十万人、二十万人といった大量虐殺は実際にはなかったとする声が高いのです。

たとえば、上智大学教授の渡部昇一さんはその著書『国益の立場から』で、いくつもの反証をあげて、南京大虐殺は誤解だと主張しています。渡部さんの見解をかいつまんで紹介してみましょう。

昭和六十二年に旧日本陸軍兵士の東史郎さんが従軍日記をもとに『一召集兵の体験した南京大虐殺―わが南京プラトーン』を出版、この日記を下敷きに青木書店が資料集を刊行しました。それを読んだ東さんと同じ連隊にいた元兵士が、「自分は虐殺行為などやっていない。名誉を傷つけられた」と東京地裁に訴え出ました。その訴えに対して、東京地裁は、東さんの日記の記述には客観的証拠がないという理由で、原告側の主張を一部認め、著者、青木書店、日記を引用したジャーナリストらに五十万円の慰謝料の支払いを命じています。

東京地裁の判決からも明らかなように、これまで南京大虐殺はマスコミなどで何度も大きく報道されてはいるものの、実は客観的証拠がないのです。たとえば南京大虐殺の本物の写真がこの世に一枚も存在しません。当時の新聞記事を読んでみると、戦意高揚のために、敵の人斬り競争を行っているなどという報道がさかんに行われているほどですから、南京大虐殺の写真が残っていても不思議ではありません。ところが、ただの一枚も写真が見つかっていないのです。

逆に偽物の写真や映像フィルムが堂々と展示されたことはあります。平成九年四月にオープンした長崎原爆資料館に、虐殺直前の連行される中国の人々の写真やビデオが資料として展示されました。ところが、この写真やビデオは、調査の結果、戦争中の昭和十九年にアメリカが反日気運を盛り上げるために制作した宣伝映画「ザ・バトル・オブ・チャイナ」の一シーンで、南京大虐殺の実写ではありませんでした。

インチキな資料をあたかも真実であるかのように装い、南京大虐殺をでっち上げようという勢力があり、南京大虐殺は歴史的事実ではない、というのが渡部さんの主張で、長崎原爆資料館の一件については、在長崎中国総領事館の強い圧力があったと指摘する人もいます。

パール博士の日本無罪論を執筆した田中正明氏は、反証として南京入りした日本の著名人たちの存在をあげています。南京が陥落すると、百二十人の新聞記者やカメラマン以外にも、作家の石川達三、林芙美子をはじめ、評論家の大宅壮一、詩人の草野心平、作詞家の西条八十などたくさんのマスコミ関係者や著名人が訪れているのです。

しかし虐殺の写真もなく、訪れた著名人たちによる南京大虐殺に対する証言や記述した書物も一切刊行されていません。むごい虐殺をあちらこちらで目の当《ま》たりにした人すべてが、見て見ぬふりをして、口をつぐんでしまったなどという仮説はどう考えても成り立つわけがありません。

南京大虐殺が現在のように大きく取り上げられる契機となったものに、アイリス・チャン女史の『ザ・レイプ・オブ・南京』という反日プロパガンダを目的とする著書があります。その中で、「日本軍は二十万から三十五万人の民間人を虐殺した」と記していることが南京大虐殺の根拠のひとつになっています。また、東京裁判の検察側の最終一般論告での、「六週間に南京市内とその周辺で殺害された総数は二十万ないし三十万」という数字が、その後、あたかも真実であるかのようにひとり歩きしてしまったためでもあります。

また、一九八五年、抗日戦争勝利四十周年を記念して中国政府が南京郊外に建てた「侵華日軍南京大屠殺遭遇同胞記念館」の入り口には、犠牲者の数を示す数字として「三〇〇、〇〇〇」と書かれており、これが中国側の公式見解となっているようです。しかし、渡部さんも指摘したように、この数字を実証できる証拠はどこにもありません。しかも、当時の南京市の人口は、二十万人です。どうすれば三十万人も殺すことができるのでしょうか。

東京裁判の審理の過程でも、被害者の数はコロコロと変わっています。たとえば起訴状では、「員数不詳な数万の中国一般民衆と武装を解除された軍隊」、キーナン主席検事の冒頭陳述では「俘虜《ふりょ》、一般人、婦女子数万に対する虐殺」となっているのが、検察側が証拠として提出した南京地方裁判所の資料では、「概略二十六万人」といきなり桁《けた》が違ってきます。さらにいい加減なのは、同じく南京地方裁判所が作成した「南京地方法院検察処敵人罪行報告」なる書類です。この書類には、「確定した被殺者はすでに三十万人に達し、このほかいまだ確認できない者が合計二十万人を下らない」とあるかと思えば、一方で「被殺害者確数三十四万人」だとか「二十七万九千五百八十六人」といったまったく異なる数字がいくつも出てきます。

中国側が外交を有利にするために、一方的に申し立てる水増ししたインチキな可能性の高い数字を実証もせずして、鵜呑みにしてしまうのはあまりにも思慮が足りなさすぎます。

虐殺はあったかもしれません。しかし、それにしても、いわれるような膨大《ぼうだい》な数字ではなく、戦時下における通常の戦争犯罪程度だったのではないでしょうか。どんな国でも、捕虜虐待や混乱に乗じた兵士の非行といった戦争犯罪なしに戦争を遂行するのは不可能です。それを民族全体の罪だとするのは、あまりにも強引な論理です。

大東亜戦争は人種差別戦争

二十世紀のとらえ方は人によってさまざまです。科学文明が急速に発達し、それが必ずしも人々の幸福につながらず、大量殺人をともなう戦争という悲劇を起こした世紀だともいえますし、欧米列強の支配から、米ソの冷戦時代をへて、アメリカ一国支配体制ができあがった世紀という見方もあります。しかし、多くの人が見逃しているのは、日本が二十世紀に果たした大きな役割です。

二十世紀は、ながらく続いた白人支配の構図がくずれ、白人種による有色人種への差別が払拭《ふっしょく》され、人類は平等だという概念が確立した世紀でした。このきっかけをつくったのがほかならぬ日本です。

一九〇二年、イギリスは「光栄ある孤立」政策を破り、日英同盟を結びます。この同盟は、有色人種と白人種が対等の立場で結んだはじめての軍事同盟でした。この背景には、南進を意図するロシアに対する牽制《けんせい》の意味があったのは、前述したとおりですが、白人優位の世界観が当然だった時代に、当時の白人種の超大国イギリスがアジアの新興国である日本と対等な軍事同盟を結んだのは、歴史的な事件でした。

なぜ、あれほどまでに見下していた有色人種とイギリスが対等の立場で軍事同盟を結んだのか。そこにあったのは、われわれの先達たちの毅然とした態度です。先に述べたように、二十世紀のはじめ、中国で義和団事件が起こり、中国に関わる各国が鎮圧に出兵します。この時、日本からは、柴五郎中佐率いる部隊が派遣され、少人数ながら欧米列強の国々の軍隊にまさる戦いぶりを示します。その後、日本の第五師団が入り、北京を解放しますが、ここでも日本兵たちの態度は立派でした。ロシア兵などの中には略奪に血道を上げる者が少なくなかったのに対して、日本兵は略奪行為をまったく行わなかった。当時、北京はイギリス占領区、ロシア占領区、日本占領区などに色分けされていましたが、日本占領区は断然治安がよく、中国の人々も自分の家の前に日本国の国旗を立てていたほどです。

日本軍は規律正しくふるまい、現地の人々にはまったく危害を加えずさっと引き上げます。この態度が、イギリス本国にもレポートとして報告され、多くのイギリス人に感銘を与え、「有色人種は信用ならないが、日本人は別格だ」となり、日英同盟の締結へと進んでいったのです。

　実は、この有色人種差別と数世紀にわたる西洋のアジア・アフリカ支配が東京裁判を読み解《と》く最大のカギでもあります。なぜ、違法な裁判を開いてまで日本を侵略国として決めつけなければならなかったか。

　それは、日本を侵略国としてスケープゴートにすることによって、西洋のアジア支配が正当化され、帳消しになるからです。今、アジアの国々でも大東亜戦争当時を知らない世代がほとんどです。たとえば、お隣の中国では、歴史といえば毛沢東以降のことで、満州国での日本軍のふるまいがどうであったか、中国に駐屯した日本兵の態度はどうだったかなど、実際に見た人はほとんどいなくなり、ただ侵略国日本のイメージだけが先行し、あたかも悪鬼のごとき日本人の印象が伝えられています。

　ほかのアジアの国々も似たような状況にあり、日本が果たした役割、大東亜戦争以前の欧米の植民地支配による蹂躙《じゅうりん》は、歴史の彼方《かなた》に忘れ去られようとしています。

　ひるがえって日本の若い人々。今、みなさんに刷り込まれている戦中の歴史は、根底からゆがめられています。そのため日本人も、日本は侵略国だという歴史を信じ、アジアの人々の誤解にもクビを縦に振ります。まさに連合国が意図した東京裁判の最大の目的が完遂されようとしています。

オランダ代表判事レーリングは著書でこう述べています。

「日本は西洋諸国の植民地を解放した罪によって罰せられたが、その四半世紀もたたないうちに、一九六〇年に国連が植民地を保有することを不法行為であると宣言し、その後、国連総会が植民地の保有を犯罪として規定すらした。国連総会は民族自決のための闘争を奨励し、〝自由の戦士〟を合法化して、国連加盟国に支援するように求めた」

マッカーサー元帥の歴史的証言

大東亜戦争は自存自衛のための戦争だった。この事実を決定的づけた証言を行った重要人物がいます。何を隠そう、戦後の日本を占領統治したGHQ連合国軍最高司令官であり、戦時中の昭和天皇以上の絶対権力者で東京裁判を仕組んだ張本人、ダグラス・マッカーサー元帥です。任を解かれ、帰国したマッカーサーは一九五一年五月三日、アメリカの軍事外交の最高審議権を有する米上院の軍事外交同委員会の聴聞会において、次のように発言しました。

「日本は八千万に近い膨大な人口を抱え、それが四つの島の中にひしめいているのだということを理解していただかなくてはなりません。その半分近くが農業人口で、あとの半分が工業生産に従事していました。

潜在的に日本の擁する労働力は量的にも、質的にも、私がこれまでに接したいずれにも劣らぬ優秀なものです。歴史上のどの時点においてか、日本の労働者は、人間は怠けている時よりも、働き、生産している時の方が幸福なのだということ、つまり労働の尊厳と呼んでもよいようなものを発見していたのです。

これほど巨大な労働能力を持っているということは、彼らには何か働くための材料が必要だということを意味します。彼らは工場を建設し、労働力を有していました。しかし彼らは手を加えるべき原料を得ることができませんでした。

日本は絹産業以外には、固有の産物はほとんど何も無いのです。彼らは綿がない、羊毛が無い、石油の産出が無い、錫がない、ゴムが無い。その他実に多くの原料が欠如している。そしてそれら一切のものがアジアの海域には存在していたのです。

もしこれらの原料の供給を断ち切られたら、一千万から一千二百万の失業者が発生するであろうことを彼らは恐れていました。したがって、彼らが戦争に飛び込んでい

った動機は、大部分が安全保障の必要に迫られてのことだったのです」（『東京裁判日本の弁明』小堀桂一郎　講談社学術文庫）

マッカーサーが「老兵は死なず、ただ消えゆくのみ」という名言を残して、帰国の途についたのは一九五一年四月十六日でした。そのたった三週間足らず後に、米国の外交に関する最高機関で、このような重大な証言を行っていたのです。東京裁判が結審したわずか二年半後に、東京裁判を仕組んだ張本人が。そもそも東京裁判は、大東亜戦争を侵略戦争と決めつけ、日本を侵略国家に仕立て上げることが目的だったのですから、東京裁判の無効性をも認めたに等しい。

ところが、日本ではマッカーサーのこの歴史的な告白は、当時はもちろん、その後もほとんど報道されることはありませんでした。ＧＨＱの占領政策の一つであったプレス・コードが独立後も後遺症として残っており、新聞社は一切触れなかった。また、言論界を牛耳っていた左翼勢力にとっても、大東亜戦争は侵略戦争であり、戦前の日本はすべて悪だとする東京裁判の史観は、非常に都合のよいものでした。戦前の日本の否定が、革命を起こす正当な理由となるからです。かくしてマッカーサー証言は握りつぶされ、そのうちに、自虐史観に塗り込められた教育により、この発言の意味さえわからない人たちが増え、マッカーサー証言は長年、公にされずに今日まで来ました。

この証言の存在に気付いたのは渡部昇一・上智大名誉教授で、原文がどこかにあるはずだということで、小堀圭一郎（現・明星大教授）さんが探し出し、公表されたのでした。大東亜戦争は安全保障の必要性に迫られて日本が突入した、自存自衛の戦争。マッカーサーがこう認めたという事実は、たいへん重い意味を持っています。なぜなら、戦後の日本の賠償や贖罪外交の根拠が失われるからです。しかも、日本は現在も侵略国家の汚名によって、巨額の賠償金をむしり取られている。

マッカーサー証言は、既に文庫本にも収められているし、インターネットでも原文が堂々と流されています。外務省も歴代首相も並み居る政治家たちも、これを知らないはずはない。仮に知らないで大東亜戦争を侵略戦争だと認めていたとしても重大な過失ですし、ましてや知っていて頬被りをしているのなら、これは国民に対する裏切り行為であり、大がかりな国家的犯罪です。

現役政治家、役人、ジャーナリスト、マスコミ各社、教育現場で自虐的な歴史を教えている教師、全員有罪とすら言わなければなりません。

今からでも遅くはない。新聞各社、マスコミ各社は大東亜戦争は「侵略戦争ではなく自存自衛のための戦争であった」と報道し、政府も公式に歴史の修正を行うべきです。そうして初めて、誇りある国、日本、矜持ある日本人を取り戻すことができるのです。

中国・韓国への侵略行為は、素直に認めるべき

だからといって、日支事変から大東亜戦争にいたる一連の日本の行いがすべて正しかったなどと強弁するつもりは毛頭ありません。多くの犠牲者を出す戦争は、どちらに非があろうと、どんな理由があろうと、許される行為ではありません。

また中国ならびに韓国において、日本の侵略行為があったのはまぎれもない事実です。自存自衛のためとはいえ、満州国を創設し、韓国を併合した。そして軍部の勇み足を招き、中国に侵攻して大陸を戦火に巻き込み、数多くの中国人の命を奪っています。われわれ日本人は、過去の過ちは謙虚に認めるべきですし、反省すべきです。

しかし、大東亜戦争は満州事変や日支事変とはきちんと区別して考えなければなりません。欧米の押しつけに屈し、大東亜戦争と中国や韓国での侵略行為を一緒にするのは間違いです。

再度、明確にしておきたいのですが、中国や韓国には、軍部による侵略行為がありました。しかし、アメリカやイギリス、オランダ、フランスなどの連合国に対しては、侵略行為は一切ありません。

また中国や韓国が相手だからといって、卑屈な態度で事実関係をよく調べもせず、ただ頭を下げていればいいのだという考え方で接するのも問題です。道理の通らないことには、真正面から堂々と反論し、言い分は通す。そのかわり、事実を認める時はいさぎよく認める。この毅然とした態度がなければ、国際社会ではいつまでたっても認められませんし、尊敬もされません。外交もうまくいくはずがありません。だいいち中国や韓国に対しても失礼です。

中国、韓国をはじめとするアジア諸国と子々孫々までの堅い友好関係を構築するためには、まず、歴史を正面から見つめなおし、互いの交流の歴史をあらためて振り返らなければなりません。歴史から学び、歴史を生かす。友好とは、安易に妥協する態度でもなければ、事実をねじ曲げる態度でもありません。

日本を拠点に中国近代化を成し遂げた革命の父・孫文

中国、韓国と日本の間には長い交流の歴史があります。七世紀に日本が中国に遣隋使を派遣して以来、同じ漢字文化圏として日本とは密接な関係を築いてきました。日本は中国の大陸文化を学び、白鳳文化、天平文化を花開かせていきます。

中国からも徐福や鑑真らが日本にやって来て、日本人の精神や文化に大きな影響を与えました。

中国が「近くて遠い隣国」になってしまったのは、長い歴史から見れば、ほんのつい最近のことです。戦前には交流が盛んで、明治維新によって一足早く近代化を成し遂げた日本に学べとばかり、たくさんの留学生が日本を訪れていました。とくに日本が強国ロシアを破ったことは、欧米の植民地となっていたアジアの人々をたいへん勇気づけ、民族の独立への希望と自信を与え、日本留学を望む若者が絶えませんでした。

とりわけ中国からの留学生が増加したのは、日本に敗北した日清戦争以降です。敗戦に愕然とした清朝政府は、一八九六年、最初の官費留学生十三人を送ります。以来、官費留学生、私費留学生ともに年々急増、日露戦争後の一九〇六年には、その数はピークに達し、一万二千人にもおよんでいたほどです。

日本で近代化思想を学んだ留学生たちの間でやがて革命思想が高まり、中国の近代化を図りたいと願う留学生たちが徐々に増えていきました。こうした革命勢力を結集し、中国を近代化に導いたのが中国近代革命の父、孫文です。中国・広東《カントン》の貧しい農家に生まれた孫文は、十四歳の時、ハワイで成功を収めていた長兄の招きで渡航し学校に入りましたが、キリスト教徒となったため長兄の怒りを買い、郷里に戻って農業に従事します。

しかし、その才能を惜しむ郷里の人々の助力で、孫文は広東と香港の医学校に学び、マカオで医師として開業しました。貧しい者からは治療費をほとんど取らない孫文の名声はたちまち周囲の知るところとなったといいます。

海外で民主主義にふれた孫文は日清戦争が勃発すると、ハワイで秘密結社「興中会」を組織、清朝打倒に立ち上がり、広東で挙兵しました。しかし、これは失敗に終わり、孫文は日本に密航して難を逃れ、ハワイ経由でイギリスに渡り、革命理論を学びます。

これが後に三民主義といわれる孫文の思想の基礎となるのですが、彼が民主主義の精神を本当に確立したのは、その後、日本に来てからだといわれています。イギリスで清朝の官吏に追われた孫文は、再び来日、日本を拠点に革命組織を集めようとしました。

当時、日本には、興中会の腹心であった陳少白ら革命のメンバーがたくさん亡命しており、孫文は陳の家に身を置いた後、日本での居住を許されます。そして、一九〇〇年義和団の乱に乗じて中国革命同盟会を組織し、恵州で二度目の挙兵を行います。

しかし、この挙兵も失敗。孫文は欧米を回り、一九〇五年日本で再び革命組織を結集して、三民主義を唱えます。三民主義とは、民族・民権・民生の三つです。民族主義は、清朝による満州民族の支配を打倒、帝国主義列強の圧迫を排除して、漢民族の独立を図ろうという主張です。民権主義は今でいうデモクラシー。民生主義は、分配を公平にして、民衆の生活を安定させようという考え方です。

孫文の革命組織結成の背景には、多くの日本人の資金的、献身的な援助がありました。なかでも、一身をなげうって尽くした明治の志士に、宮崎滔天《とうてん》がいます。孫文の壮大なロマンに心を打たれた滔天は、孫文と深い親交を結び、生涯を彼の革命支援に捧げました。この裏には、当時の有力政治家、明治政府、篤志家《とくし》などの滔天への支援があったのですが、滔天と孫文の交わりについては次に譲るとしましょう。

一九一一年、中国革命同盟会は三たび蜂起、孫文を臨時政府の大総統として迎えました。翌年、二百六十八年間、中国を統治した清朝は滅亡し、中華民国が誕生します。これは同時に、二千年以上にわたる帝政中国の終焉でした。世にいう辛亥《しんがい》革命です。

臨時大総統に推《お》された孫文でしたが、まもなく軍閥の代表、袁世凱《えんせいがい》が実権を握り、孫文は皇帝の退位とともにその座を退きました。独裁体制を固めていく袁世凱に、孫文は一四年、真の民主政府を樹立するために再び立ち上がります。中華革命党を結成して対抗し、袁世凱が一六年に死去した後も、軍閥政府を打倒するために広東にもうひとつの政府を打ち立てたのです。一九一八年のことです。この時できたのが中国国民党で、軍司令官を務めていたのが蒋介石です。

また、二一年に誕生した中国共産党の指導者、毛沢東や周恩来も孫文の国民党分派で、三民主義を理論的基礎にしていました。つまり、最後は台湾に追いやられた蒋介石も、中華人民共和国を打ち建てた毛沢東も、ともに孫文の思想から出発しているのです。蒋介石は親米路線、毛沢東は親ソ路線で袂《たもと》を分かったものの、ふたりとも孫文の弟子、源流は同じです。言い換えれば、現在の中国は、孫文と日本の交流の上に建国されたのです。

孫文と宮崎滔天の親交が日中友好の原点

孫文と日本を語る上で、ふれないわけにはいかない人物に宮崎滔天がいます。

明治四年、熊本で生まれた滔天は、十五歳の時、県立熊本中学を退学、徳富蘇峰《とくとみそほう》の大江義塾の寄宿舎に入り、自由民権思想を学びます。一年後、東京専門学校（現・早稲田大学）に入学。明治二十四年には米国留学を企てます。これをとどめたのは、ひとつ上の兄、弥蔵でした。この時、弥蔵はみずからが抱く志を弟・滔天に告白します。

「世界は今や弱肉強食の修羅場で、強者が弱者の権利自由を奪い続けている。人権を重んじ、自由を尊ぶ者として、これを見すごすわけにはいかない。黄色人種は、白人種に抑圧されている。これを打ち破り、アジアの自由と人権を取り戻すには、中国の興亡盛衰がカギを握っている。俺はこの身を中国の革命に捧げようと思っている。天下の英雄を集め、みずからも清に潜入し、中国人になり切り、革命を起こそうと……」

この兄の中国革命論にいたく共鳴した滔天は、兄とともに中国の革命に人生を懸《か》けようと決意し、翌年二十二歳の時、上海に渡航します。ところが、路銀が足りずにすぐ帰国。今度は、その資金を捻出するために親兄弟を偽り、米国行きの名目で、宮崎家の家産を処分します。しかし、中国行きはなかなか実現せず、タイへの移民に同行するなどして、その機会をうかがい続けました。二度目のタイ渡航ではコレラに感染し、危うく一命を取りとどめています。

この間、結婚したものの妻子とは別れて暮らし、赤貧洗うがごとしで、志だけを胸に中国の明日を夢見続けます。

そんな滔天に援助の手を差し伸べたのが、後に首相になった立憲改進党の犬養毅《いぬかいつよし》（木堂）でした。明治三十年、滔天二十七歳の時、犬養の斡旋により立憲改進党の外務大臣であった大隈重信に面会、中国事情視察のため外務省機密費の支給を得て、中国に渡航します。

香港、マカオなどを回り、中国の革命派の人々を訪問した滔天は、この地で孫文の存在と彼が今、東京に居住していることを知ります。帰国後、孫文に面会した滔天は、彼の革命思想に胸を打たれ、熱烈な支持者となり、行動をともにして、生涯を捧げようと決意します。犬養と孫文を引き会わせたのも滔天でした。

翌三十一年には、犬養の勧《すす》めで再び中国へ渡航、この時、香港でイギリスの庇護のもとにあった康有為と知り合い、日本への亡命を助けます。康有為は、孔子の儒教精神に西洋思想を取り入れた政治改革を主張した思想家で、清朝の光緒帝に重用されたものの、西太后と袁世凱のクーデターによって、その地位を追われていました。孫文は康有為との面会を望み、滔天にこれを依頼しましたが、康有為の拒絶によって実現しませんでした。滔天は、明治三十二年に孫文の要請を受けて、フィリピン独立運動に協力します。犬養の支援のもと武器調達などに奔走《ほんそう》しました。

そして、明治三十三年（一九〇〇年）、フィリピン独立軍より武器の譲渡の申し出を受けた孫文は、蜂起を決意します。滔天もこれに応じ資金をかき集めました。また、犬養の意を受けて孫文にシンガポール滞在中の康有為との提携を提案。交渉すべく同志とともに、シンガポールへと旅立ちます。ところが、そこで待っていたのは、康有為の刺客という嫌疑です。逮捕・投獄の後、無罪放免になったものの、国外退去の憂《う》き目にあい、目的を果たせませんでした。後を追ってきた孫文たちと、香港に向かい蜂起をこころみるも、イギリス政庁の監視が厳重で、帰国せざるをえませんでした。

しかし、この年の十月、孫文と気脈を通じた革命軍が、恵州で蜂起《ほうき》します。孫文は、台湾民政長官・後藤新平を頼って台湾に密航し、台湾から本土の蜂起に対応するべく構えていました。しかし、前述したように、この恵州の蜂起は失敗に終わります。頼みの綱であったフィリピン独立軍からの武器が予定どおり輸送されなかったからです。この任を孫文より依頼されていたのは、滔天と中村弥六でした。ところが、武器の管理をしていた中村が武器の所在を明らかにせず、蜂起軍は解散せざるをえなかった。

滔天にも横領の嫌疑がかかり、これに嫌気がさした滔天は、革命の当事者であることを断念し、翌年、浪曲師に弟子入り、芸能の道へと転じました。といっても、滔天の孫文支援の気持ちが変わったわけではありません。滔天は当時の心境を次のように書き残しています。

「いうところの『志』なるものを棄《す》てたのではなく、三十三年事件（三十三歳の時の事件）失敗の結果、先輩知己《ちき》に対して自ら責を引き、独《ひと》りひそかに新天地を開拓して『志』なるものを遂行せんとの下心からであった。露骨《ろこつ》に言えば、死生を契《ちぎ》った精選された同志、その同志が金銭上の問題でまで我を疑うなどはもってほかのことである。かかる徒輩《とはい》と天下の大事が共にされるか。今から勇猛心を振るい起こして金というやつをこしらえ上げ、秋の木の葉の如くにまき散らして、独力でもって見事天下を取ってみせるというのであった」

なぜ、滔天は生業《なりわい》に浪曲師を選んだか。生来の音楽好きだったことに加えて、当時の浪曲師は、現代でいう流行歌手で莫大《ばくだい》なお金が稼げるチャンスがあったからです。

実際、同じ熊本出身の尾藤新也が、無一文から美当一調という名でデビュー、巨万の富をつかんでいました。滔天は、この例を見て、浪花節界への転身を思い立ったのでした。

しかし、中国、孫文への情熱はいささかも消えていません。自分は一日一食で済まし、極貧に耐えながらも、孫文をはじめとする亡命者や中国留学生に惜しみない援助を与え続けます。

その中には、中国から官費留学生として来日し、一九〇四年に中国の長沙で蜂起、日本に亡命してきた黄興もいました。黄興とその同志たちは、滔天の新宿内藤町の自宅に身を寄せ、さながら中国革命の参謀本部の様相だったといいます。黄興と孫文を引き会わしたのも滔天です。こうして日本で再び革命組織の結集がなり、辛亥革命が成功するのです。

その後も宮崎家には、多くの留学生たちが寄宿しました。そして彼らは国民党をはじめとする中国の要人として活躍します。戦時中、日本が支援した南京政府の汪兆銘もそのひとりでしたし、黄興の子供たちも滔天のもとにあずけられています。

滔天の遺志は、長男である竜介さんに受けつがれ、竜介さんも日中友好のために生涯を捧げました。中でも、竜介さんの親交が深かったのが、年齢の近かった周恩来です。まさに滔天を中心として日中のきずなが脈々と築かれていったのです。

当時、孫文らと行動をともにしたのは、滔天だけではありませんでした。蜂起にあたっては、多くの日本人が援助を惜しまず、異境の地で命を落とした志士もたくさんいました。

明治の人々は、我が身もかえりみず、私利私欲を排し、中国やアジアのために尽くした。現在でも良識ある中国の人々は、この歴史的事実をよく認識しています。孫文と宮崎滔天ふたりの親交の精神は近代の日中友好の原点ともいえるものです。滔天の精神を継承した多くの日本人が、日中の架け橋となりました。孫文と滔天のきずなを知り、中国との友好親善に貢献している日本人は「日中友好人士」と呼ばれ、現地の人々からも尊敬の念を持って迎えられています。

孫文は、現在のように交通の発達していない時代に、合計十回も決死の覚悟で日本を訪れ、中国の革命への理解と協力を求めていました。この事実ひとつを見てもわかるように、日中の結びつきの強さ、歴史を感じるのは私だけではないでしょう。孫文は日本に来て、日本のすばらしさを知り、多くの中国人が明治の日本人たちとの交流を通して、日本への理解を深めました。

ただ残念なことに、中国の指導者たちは、毛沢東以前の歴史に目を向けようとせず、日中関係においても、満州事変、日支事変という暗い歴史を持ち出すばかりで、両国の間にある友好の歴史までさかのぼろうとしません。私たち日本人も、滔天と孫文の親交に象徴される日中友好の歴史をよく知るべきですし、中国の指導者たちにもそのような時代があったことをもっと認識して欲しい。不幸な過去を乗り越え、日中がたくましい関係をつくりあげるためには、お互いが歴史の針をもう一度「孫文と日本」に戻して、再出発しなければなりません。

中国はなぜ戦後賠償を一切要求しなかったか

戦後、中国は一切、戦後賠償を日本に要求しませんでした。これは、いまだに世界の謎といわれています。当時の常識では、戦勝国は敗戦国になんらかの賠償を求めるのが、当然だったからです。アメリカは沖縄を領土にしたし、ソ連にいたっては、日本が降伏するとわかっていながら、終戦の三日前に参戦し、南樺太《からふと》、千島列島、北方四島を日本から奪いました。

しかもソ連は、六十万人の日本人をシベリアに抑留し、過酷な労働をさせて六万人の命を奪うという許しがたい行為を行っています。シベリアに抑留された私たちの先輩たちは、みなソ連が自分たちにどんな仕打ちをしたのか、この恨みを末代まで伝えて欲しいと語っていました。

たとえば、作曲家の吉田正さんです。吉田さんもシベリアに抑留されたひとりで、ソ連への恨みは死んでも忘れないとおっしゃっていたほどです。彼の名曲「異国の丘」は、シベリア抑留に対する恨み節なのです。

ソ連がロシアに変わっても、北方領土を返還しようともしない。まったくもってロシアは図々しい国です。さらにいえば、樺太が島であることを間宮林蔵が発見したように、樺太は江戸時代のころから日本人が調査していたところです。南樺太も日本に返せ、と要求したいぐらいです。

対して、中国は蔣介石の「恨みに報いるに徳をもってす」の方針のもと、領土の要求、賠償金の請求もすべて放棄しました。自国の民を数多く殺戮《さつりく》した日本軍人に対しても、危害を加えるどころかすぐさま日本兵に対する武装を解除し、日本への帰国を認めます。おかげで、中国に出兵していた日本兵は、真っ先に故国まで無事に帰ることができました。南方では、多くの日本軍人がB・C級戦犯として裁かれ、死刑に処せられたというのに、一番の被害国である中国はすべてを許した。これは歴史上、前例がないことです。

当時まだ、ものごとの分別がつかなかった私も、たいへん不思議に思ったのを今でも覚えています。九州ぐらいは中国の領土にされても仕方がないと、日本人はみんな考えていたからです。

ソ連に抑留された先輩たちとは対照的に、中国に出兵していた先輩たちは、この中国の寛大さに言葉ではつくせない恩義を感じていました。将棋界の升田幸三さん、小説家の山岡壮八さんも中国出兵組で、私によく「中国に対する、この恩を忘れてはいけない。ぜひ、子々孫々に伝えてくれ」とおっしゃっていました。

では、なぜ、中国はこれほどまでに日本に対して寛容な態度に出たのでしょうか。

これは、私の推理です。アジアを思い続けた明治の先達たちの血涙《けつるい》の努力を、中国は忘れていなかったのではないか。宮崎滔天をはじめとする孫文を支援し続けた明治の日本人たちへの恩義が、そうさせたのではないか。

平成十二年三月、台湾の総統選で国民党の連戦氏、民進党の陳水扁氏、無所属の宋楚瑜氏の三候補が激しいつばぜり合いを繰りひろげ、陳候補が初の民進党政権を誕生させたことは記憶に新しいところです。この総統選の終盤戦で、連戦候補が切り札として出してきたのが、故蒋介石総統の夫人、宋美齢夫人からの書簡でした。「中華民国は国父（孫文）がつくり、先の総統（蒋介石）が守った。誤った選択で壊してはならない」と、連氏支持を訴える内容です。国父・孫文、その後継者である蒋介石を持ち出すことによって、「外省人」（大陸出身者）の心を揺さぶり、票を獲得しようとしたのです。

陳氏の勢いを止めることができず連氏は敗れましたが、この事実は、中国の人々にとって孫文がいかに大きな存在かということを物語っています。孫文は、まさに国の父なのです。

終戦当時、国共合作によって誕生した国民党と中国共産党による合同政権が、中国を治めていました。国民党の指導者、蒋介石は前述したように、孫文の直弟子です。また、中国共産党の周恩来も国父・孫文を慕《した》っていました。蒋介石も周恩来も、国父と慕う孫文が滔天をはじめとする多くの日本人の支援によって辛亥革命を成し遂げたことを知っていた。つまり、この恩義に対するお返しが、史上例をみない戦後賠償ゼロにつながった理由だと考えられるのです。

事実、滔天のお孫さんから、次のような秘話を聞きました。

日中国交を正常化した田中角栄元首相が、ロッキード事件で捕まった時も、周恩来をはじめとする中国の指導者たちは、「井戸の水を飲むとき、その井戸を掘ってくれた人に感謝する」と、日中の架橋となった田中元首相の評価を変えることはありませんでした。今でも、娘の田中真紀子さんに対して、中国は深い感謝を表し続けています。この「井戸を掘ってくれた人に感謝……」という言葉は、実は孫文の残したものだというのです。

滔天の子息、竜介さんは、日中国交回復の七、八年ほど前に、周恩来から北京に招かれたそうです。この時、竜介さんに周恩来はこう告げました。

「国父・孫文から常に聞かされていました。『井戸を掘ってくれた人の恩を忘れてはいけない』と」

また毛沢東も、滔天の存在に高い関心を寄せていました。滔天の家に寄宿し、辛亥革命の中心人物となった黄興が一九一七年に亡くなった時、滔天は湖南省長沙を訪れ、その葬儀に参列しています。この葬儀の列に、まだ学生だった毛沢東がおり、その時、毛沢東は同志と連名で滔天に、「お目にかかってご高説をうかがいたい」との手紙を送っています。滔天と毛沢東との会見は実現しませんでしたが、その手紙がいまでも宮崎家に残っています。

歴史はずっと続いています。明治の人々の血涙の努力と魂が日本を救ったのです。

鄧小平も周恩来より孫文の心を受けついでいました。

永野重雄さんや鹿内信隆さん、私の仕えた五島昇さん、戦後の財界人たちは、この歴史の流れをよくわかっていました。先輩たちが損得を超えて台湾の復興に協力を惜しまなかったのも、中国への恩返しをしなければ人の道を誤ると考えたからです。その結果、台湾は外貨保有高世界一の経済大国にまで発展しました。

日中の友好は、損得ずくではいけない。中国の人々が忘れずに返してくれた恩に、こちらも報いなければならない。明治の人々のアジアに対する熱き思いをもって、私たちもアジアに接していく必要があります。日本は、戦後ずっと西洋にばかり目を向けてきました。しかし、アジアを、中国をなおざりにして日本の将来はありません。利害を超えて、アジアのために貢献する。現代の私たちは明治の日本人の心を取り戻すべきです。

戦後五十五年、お隣の朝鮮半島では、韓国・北朝鮮の両首脳のトップ会談が実現、分断されていた南北両国が統一に向かって動き始めました。アジアの情勢は、今、劇的に変化しようとしています。アジアに対して日本は何ができるのか、何をすべきか、今こそ熱き魂と志で思い切ったアジア外交を展開すべき時です。

第三章　広島「原爆」で生き残った「最後の経営者」、血涙の告白

ピカドンで一瞬にして消えたヒロシマ

昭和二十年八月六日の早朝、広島は暑い夏の日差しに包まれようとしていた。その数時間前の午前一時四十五分、南太平洋の小島、テニアン島から一機のＢ29が漆黒《しっこく》の闇の中、飛び立ちます。気象観測機から広島、小倉、長崎のいずれもが好天との知らせを受け取った、その爆撃機「エノラ・ゲイ」は一路、第一目標と決められた広島を目指します。約九千五百メートルで東北東から広島市に近づいた「エノラ・ゲイ」は、市内の中心部に位置する相生橋の上空に差しかかると、橋の上に照準を定め、懐に抱いた「リトルボーイ」と名付けられたウラン型原子爆弾を投下し、北へと旋回していきました。

その瞬間、「幾千もの太陽よりも明るい」火の玉が広島市内をおおい、天空には巨大なきのこ雲がむくむくと不気味にわきあがり、「ピカッ」と光った後に「ドーン」というすさまじい爆音がとどろきわたるやいなや、想像を絶する熱と爆風で頑丈なはずの鉄骨はアメのようにひん曲がり、街は一瞬にして消失します。

後日「ピカドン」と呼ばれる、この大量殺戮《さつりく》爆弾がヒロシマにもたらしたのは、阿鼻叫喚《あびきょうかん》の地獄絵でした。爆心地から半径二キロ四方では、すさまじい熱線が街を歩く人々をおそい、一瞬にして人間の姿をとどめぬ〝炭〟にしてしまいました。広島に落とされた原爆の中心温度は五千万度から一億度にものぼったといわれます。鉄でも二千五百度近くになると蒸発します。爆風は音速を超えるスピードで、爆心地から二、三キロの木造家屋をすべて倒してしまいました。人間が、都市が一瞬のうちに蒸発したのです。

まもなく街のあちこちから火の手が上がり、広島市一帯が火の海に染まり、熱線で大火傷をして動けない人、爆風で負傷を追った市民、かろうじて生存していた人々も煉獄《れんごく》の業火《ごうか》の中でもがき苦しみながら死んでいきました。緑はすべて消失し、後に残されたのはわずかな瓦礫《がれき》の山とおびただしい数の黒こげになった声なき骸《むくろ》です。

即死者は、七万人。当時の広島市の人口は三十五万人ですから、五人にひとりが突然、この世から消えてしまったことになります。わずかな生存者も、ひどい火傷で水ぶくれした人、腕や足が吹っ飛び、地べたをはうのがやっとの人、皮膚は焼けただれ、目はつぶれ……あちらこちらでこの世の地獄が出現していました。その後、放射能などで十一月までに六万人が、それ以降五年間でさらに七万人が亡くなりました。

地獄の中の三十日間

手元に、ある被爆者の方の原爆当日の生々しい日記があります。私の友人、自然美システム社長、萩原俊雄さんのお母さんの日記です。少々長いのは承知で全文を記しておきたいと思います。

「昭和二十年八月六日　午前八時十五分頃、敵B29三、四機来たり、何らの警報も無き時、新兵器の空中爆弾により、家は倒され、私は思わず屋外に飛び出した。子供は幸いにも家の中で遊んでいたので、何らの負傷もせず、私は夢中で一人ずつ出して前の防空壕《ぼうくうごう》に入れる。三牧の静子ちゃんは家で遊んでいたけれど無事救い出してホッとする。三牧の奥さんは、額から血をタラタラと流してどこをケガしたのか見てくれといわれる。私はすぐ家の中に入ってオキシュフールを持ち出し、傷口を消毒し、三角巾で結んであげる。

　隣の佐伯のおじさんが火傷をし、まだ着物に火がついているのに飛び込んでくる。『奥さんどうしたらよいのか』と聞く。私は油の持ち合わせもないので、どうすることもできない。

　私は何ひとつも持ち出していないので子供を気にかけながら、壊れた家の中へひきかえしては、少しの荷物を持ち出し、大切な書類は腰に結びつける。土手の通行人を見ると、みんな、着物はボロボロにやぶけ、見る人々みな大火傷をしている。私は、私の家の近くに落ちたと思ったのは大間違いで、広島市全部であるらしい。

　兵士さんが早く退避するように叫ばれる。私は子供を連れて、善雄をオンブして俊雄に風呂敷《ふろしき》包みを持たして、私はトランクにリュックサックを持ち、三牧の奥さんと河原へ避難する。河原にはおびただしい負傷者の群がある。生き地獄である。そのうち、火の手が上がり、見る間に広島市は灰と化す。

　私はひたすらに、外出した者を気づかい、帰ってきはすまいかと思い、気をつけて見るうちに、三牧の主人が何一つ負傷せずに帰って来られる。

　私の主人は待てども待てどもとうとう帰って来ない。

　妹も兄さんも、姉さんも猛を連れて出たまま帰らない。お母さんもお米の配給所までおつかいに行ったのに、それも帰って来ない。三枚の君江ちゃんも学校へ行ったまま、まだ帰らないと奥さんは心配なさる。

また、敵の爆音が聞こえて来る。私たちは木陰《こかげ》へ隠れる。そのうち夜になる。主人をはじめ皆帰って来ないはずはないのにどうしたのか、朝から建物疎開に行っていた主人の安否が気づかわれてならない。明くる日、お母さんが戻って来る。着物はボロボロになり躰《からだ》にいっぱい大火傷をしている。私は泪《なみだ》が出て仕方がない。隣組の方と一緒にバラックを建てて一緒に住む。

兄さんが三日ぶりに元気で帰る。本当に夢のようである。井上さんに主人の会社のほうに行っていただく。井上さん夕方帰られる。主人は負傷をして十二時頃一人で会社に帰り、明くる日七日午後二時すぎにこと切れたそうで、本当にお気の毒であるといわれる。

死体はまだそのままにしてあるとのこと。私は行きたい。主人のもとへ走っていき、足の一つもなでてあげたい思うけれども、重傷の母と、子供三人いるのでどうすることもできない。本当に主人にはすまない。無念の泪《なみだ》がほとばしる。子供の手前、思うように泣くこともできない。幸恵が私の泣くのを見てはシクシクと泣いている。私は子供が休んだ後、一人で思い切り泣く。

妹も職場で黒こげになっているらしい。姉さんもおそらく死んだのであろう。姉さんの子供二人、学校疎開しているのに、母がいないことを知らせなければならないと思う時、私の胸ははりさけそうである。

主人の生がある間、一言、子供が元気でいることを知らせたかった。子煩悩《ぼんのう》な主人のことである。気にかけて死んでいったことであろう。

昭和二十年八月　マサコ」

この日記に出てくる六歳の少年が幼き日の萩原さんです。萩原さん一家は、現在の広島駅にほど近い白島九軒町で被爆しました。相生橋の爆心地からは約一・七キロの地点です。原爆が投下されてまもなく、にび色の空から燃え上がる広島の街を鎮火させるがごとく強い雨が降り注ぎます。

しかし、それは恵みの雨ではありませんでした。死の灰をたっぷりと含んだ「黒い雨」。萩原さんによると、「それはコールタールのようなドロドロとした」雨でした。雨に当たるとまるで石ころに叩かれたようです。死の灰は、原爆病をもたらし、地獄の中で生き残った人々の命を奪います。萩原さんの叔父さんのひとりも、二次的放射能に冒《おか》され、自殺したといいます。住んでいた家が倒壊した萩原さん一家は、すぐそばを流れる京橋川の河原にトタン屋根のバラックを建て、雨露をしのぎながら生きながらえます。

河原一帯には、真っ黒に焼けただれた負傷者が水を求めて続々と集まっていました。「水は飲んではいけない」という警防団の制止も聞かず、「水を、水を」とはいいながら、川へと入っていく者が後を断ちません。当時、「黒い雨」でどす黒く濁るヒロシマの川という川には、おびただしい数の死体が浮いていました。上流から下流へ、果てしなく死体が流れていきます。

「熱い！熱い！とうめきながら川の中にとびこんでいっては、身体の自由がきかないため、死ぬ一歩手前の苦しげな叫び声をあげると、おぼれ死んでいきます。だからこの川は水の流れる川ではなく、死人の流れる川となっていました（伊藤久人・被爆時小五・二十六年没）」（被爆体験記『原爆の子』長田新編・岩波書店）

ついこの間まで萩原少年が遊んでいた京橋川は、屍《しかばね》の満ちあふれる川に変貌《へんぼう》してしまいました。このあたり一帯は、奈良時代に建立された碇神社を中心とする史跡の地です。しかし、神社の社務所はむろん、歴史の面影《おもかげ》をとどめるものはすべて消失し、目の前に広がるのは殺伐《さつばつ》とした荒野です。夏の強い日差しが、死体を腐食させ、悪臭を放っています。死者を焼く煙はいつ果てるともなく続き、その臭いが腐臭に混じって、バラック小屋の中にも絶え間なく入ってきます。

幼き萩原少年は、このおぞましい光景の中で何を考え、何を感じたのでしょうか。

萩原さんは、「耕雲」のペンネームで昭和六十二年、次のようなエッセイを寄せています。

「恩讐《おんしゅう》を忘れ、生老病死を忘れることは衆生《しゅじょう》の救いでもあるが、人類として、どうしても忘却してはいけないこともある。

ヒロシマの上空に原爆が炸裂《さくれつ》して、四十二年目の夏が来た。〝赤ん坊をしっかり両手で抱きしめて、立ったままの死体。〟人のいっぱい乗った電車は、軌道からはるか遠くへとばされて、まるで黒こげになった死体の缶詰のようであった。〟首のないわが子を抱いて、狂人のように逃げまわる母親。〟数えきれない人々が重なり合って死んでいる。その死体を手かぎに引っかけて出し、山のように積んで、大きな穴の上に太い鉄骨を渡し、まるで魚を焼く網のように、死体を積み重ねて火葬し、その煙はいつまでも、いつまでも、広島の空にくすぶり続けていた。〟熱さと痛さに耐えかねて、川にとび込んだ人、やがて川は死体に埋まり、その死体をかきわけて、赤黒い水を飲んでいる人々。

私はあの時『水をくれ』『お母さん水をちょうだい』……と泣き叫びながら死んだ人

々の声を、今も忘れることができない」

萩原少年は、三十日間、母とバラックで暮らしました。その間、のぞき見た地獄は終生忘れられないといいます。昭和二十七年ヒロシマを離れ、小学校を出ると、大阪に丁稚《でっち》奉公に出た萩原少年はその後、苦労に苦労を重ねます。働きながら中学校を卒業し、十七歳で美容材料の仕事をはじめ、貯めたお金で上京し、東京の学校に入りました。学生時代も働き通しです。流しから旋盤《せんばん》工、土木作業員とありとあらゆる仕事につき、三十種類ほどの職業を経験したそうです。その間、辛いことは数限りなくありました。しかし、萩原さんはいいます。

「丁稚奉公時代や学生時代の塗炭《とたん》の苦しみは忘れることがあっても、ヒロシマの三十日間は拭《ぬぐ》い去ろうにも拭い去れない。原爆がもたらす悲惨はあの時にあの場にいた者でなければわからない。まるでヒロシマでの記憶が脳の一部として貼り付いているようだ」と。

南無妙法蓮華経を口ずさみながら、五十五年間「死」との戦い

原爆の非人間性は、人が人として死ぬことを許さなかっただけでなく、かろうじて生き残った人々まで、長期にわたって心と身体をさいなみ続けているところにあります。

実は、親しくしていながら、萩原さんが被爆者だという事実を知ったのは、つい最近です。広島出身ということぐらいは聞いていましたが、原爆について彼が語ることはなかったからです。ただ顔色が悪く、健康が思わしくないのだろうと漠然とは感じていましたが。

萩原さんだけでなく、ヒロシマにしろナガサキにしろ被爆した人は被爆体験には口をつぐみます。公表すれば差別を受けかねないからです。

被爆者には常に死の恐怖がつきまといます。放射能の影響は、時がいくらたとうと完全に消え去ることはありません。いつ何時来るやも知れぬ死の恐怖に怯《おび》え、死と向

かい合いながら生きなければなりません。このことが、ややもすると差別につながります。被爆者というだけで就職先も結婚相手も見つからないという現実があり、多くの被爆者がその事実を隠し、ひっそり生活し、死んでいきます。それ以前に、この世の生き地獄を目《ま》の当たりにして、生きる気力を失う人もたくさんいます。

萩原さんのように強い精神力を持ち、社会の第一線で活躍する被爆者は、ほんの一握りなのです。おそらく、ヒロシマ原爆の被爆者で経営者として現在、生存しているのは萩原さんだけではないでしょうか。その萩原さんにしても被爆者である事実は声を大にしてはいえません。萩原さんは、従業員の生活向上を社是とする、すぐれた経営者です。明日をも知れぬ身だとわかれば、従業員が動揺します。商売にもひびきます。よしんば自分は覚悟ができていたとしても、子供への差別が心配です。被爆者の子というだけで白い目で見られるとしたら、親としては悔やんでも悔やみ切れません。

それらを押してでも、今回、萩原さんは私の願いを受け入れ、実名で彼の被爆体験を記すことを許してくれました。「あなたも辛いだろうけれど、萩ちゃん、日本の将来のためにぜひ、真実を語ってはくれぬか。広島で何があり、どんな地獄が展開されたか」という私の悲痛な説得に応えてくれました。お子さんたちが、みんな家庭を持ったことも、萩原さんを決意させた理由でしょうが、おそらくそれだけではなく、「いつまで生かせてもらえるかわからないけれど、今、あらためて被爆体験を語りつぎ、原爆の意味をもう一度日本人に訴え、考えてもらわなければ、犠牲になった私の肉親や広島の人々が浮かばれない」という強い思いがあったようです。

戦後、五十五年たち、ヒロシマ・ナガサキの原爆投下は、いま風化しようとしています。若い人たちには、「原爆や太平洋戦争は歴史の中の出来事で、現在の日本や自分たちとは関係ない」と思っている人が多くなっています。とんでもありません。戦争は終わっていない。原爆投下も歴史の中の出来事などではありません。萩原さんのように、今もまだ苦しみ抜いている人がいるのです。ただ、被爆者たちが声を大にして自分たちの過去を語れないので、表面上はすべて終わったかのように見えているだけです。

萩原さんの戦後五十五年は、まさに原爆との、死との戦いでした。萩原さんにとって原爆は、過去などではありません。現在進行形の身体をむしばみ続ける悪魔です。心に癒《い》えぬ傷を刻み続けるいまわしき現実です。

萩原さんは原爆の後遺症によるひどい肝臓障害や気管支喘息《ぜんそく》をはじめとして数々の病気に悩まされてきました。今でも毎日、噴霧注入器を使って、一日、五、六回の吸入をしなければ、体は生きる力を失ってしまいます。放射能に冒された体は、まるでヒロシマのことを忘れさせまいと訴えるかのように悲鳴をあげ続けています。これがどれほど辛く、苦しいことか。時がたつにつれ生気を失い、土気色に染まっていく萩原さんの顔を見るたびに、私は胸が張り裂けそうになります。

萩原さんの経営する自然美システムは、社名からも推測がつくとおり、「真の美容は健康から生まれる」をキャッチフレーズに、東洋医学と現代美容医学を基本としたシステムで、健康美容クリニックの経営、漢方薬、健康食品、化粧品などを提供しています。この仕事を萩原さんが選択したのは、何よりも自分の健康が心配だったからです。みずからが生きながらえるために選んだ仕事です。

「原爆症で体が弱く、気管支喘息で公害認定患者に認定されるなど、これまで病気を抱えて生きてきたので、健康は最大の関心事。僕にとっては美容も健康も一体のもので、『自然美』という〝真の美容は健康より生まれる〟という考え方にいたり、これを事業化しようと思い立った」

萩原さんの人生は原爆投下の日からずっとそのことを軸に動いています。訴えたいことは山ほどある。ヒロシマの生存者として、亡くなった人たちのためにも、いっておかなければならない。だが、立場上声にはできない。そのもどかしさから、萩原さんは苦肉の策として「耕雲」というペンネームで、名前を隠して活動してきました。

しかし、どこか隔靴掻痒《かっかそうよう》は否めません。死期がそれほど遠くないことも、ご本人が一番感じていらっしゃるのでしょう。今回、勇気ある告白に踏み切った裏にはやむにやまれぬ萩原さんの気持ちがあります。

広島の京橋川の河原で、暮らした三十日間、萩原さんのお母さんは、ただうつろな瞳で「南無妙法蓮華経」を口ずさみ続けたといいます。まだ小学校にもあがらぬ萩原少年には、それが無念の死を遂げた夫への肉親への弔《とむら》いであることは露ほどもわかりませんでした。しかし、母の一日中続く読経の声は、五十五年間、萩原さんの脳裏にひびき続けました。

「ナンミョウホウレンゲキョウ、ナンミョウホウレンゲキョウ、ナンミョウホウレンゲキョウ、ナンミョウホウレンゲキョウ……」

萩原さんは、この母の弔いの言葉を口ずさみながら五十五年、生き続けてきました。お母さんとの生活について萩原さんは多くを語ろうとしません。それだけに私たちには、想像すらできない大きな悲しみを彼が背負っていることが、私には痛いほど伝わってきます。

日本人が原爆投下の歴史に目をそむけ、そのまま忘れ去っていったとしたら、必ずやその報《むく》いを受ける時が来るでしょう。ヒロシマで、ナガサキで、そしてその後、苦しみと悲嘆の中で、被爆者であることを誰にも告げることができず、ひっそりと死んでいった原爆の犠牲者たちからの。

今世紀最大の事件「原爆投下」

一九九九年（平成十一年）十二月二十日、大手新聞各社は「ＡＰが選ぶ二十世紀の二十大ニュース」と題して、次のような記事を一斉に報道しました。

「ＡＰ通信は二十日、二十世紀の『二十大ニュース』を発表した。米国による広島、長崎への原爆投下が一位に選ばれ、二位には小差でロシア革命が続き、三位はナチス・ドイツのポーランド侵攻による第二次世界大戦ぼっ発、四位は米国宇宙飛行士の月面歩行、五位はベルリンの壁崩壊だった。

二十大ニュースは、同通信に加盟する三十六か国七十一社の報道機関が一位（十点）から十位（一点）まで順位を付けて投票。原爆投下には、最多の十五社が一位票を投じた。日本軍による真珠湾攻撃は十八位だった。六位から十位までは次のとおり。六位ナチス・ドイツの敗北とホロコースト、七位オーストリア皇太子暗殺で第一次世界大戦ぼっ発、八位ライト兄弟の飛行機発明、九位ペニシリンの発見、十位コンピューターの発明」（読売新聞同日朝刊）

また産経新聞の同日朝刊は、米バージニア州のニュース博物館「ニュージアム」が二十日発表した読者やジャーナリストが選んだ二十世紀の一〇〇大ニュースに関する記事も掲載しています。「読者の選んだ二十世紀の一〇〇大ニュース」では、これまた「広島、長崎への原爆投下」が一位で、以下、二位「日本軍の真珠湾攻撃」、三位「アポロ11号の月面着陸」と続く。「ジャーナリストが選ぶ一〇〇大ニュース」も一位は原爆投下と変わらず、二位月面着陸、三位真珠湾攻撃の順となっています。

世界のジャーナリストたちが原爆投下を二十世紀のもっとも重大なニュースとしてあげたのは、それが人類史上、最大の残虐な行為であり、人類の犯した最大の過《あやま》ちだからです。原爆の開発で「核の脅威《きょうい》」が生まれ、核兵器は人類滅亡の危機の可能性さえ生みました。その二十世紀最大のいまわしき洗礼を受けた日本が、ヒロシマ・ナガサキへの原爆投下を海外のジャーナリズムに比しても、なおざりにし、その意味を十分に探求しようともしないのは、何ともおかしな話だとしかいえません。

今、日本は「平和ボケ」「保護ボケ」でアメリカの保護が、ずっと前からあり、今後も続くという幻想をみんなが持ち、戦争や原爆については、忘れたかのような風潮が世の中を支配しています。しかし、まぎれもなく日本は、二十世紀の、いや人類最大の一大事、原爆投下の被害者なのです。私たちは、日本の、世界の将来を考える上でも、ヒロシマ・ナガサキへの原爆投下の意味と悲惨さをもう一度問いたださなければなりません。

原爆開発のきっかけは、ナチスの脅威

一九三九年八月、ルーズベルト大統領に一通の書簡が届きました。差出人は、二十世紀の偉大な科学者、A・アインシュタイン。開けてみると、そこに書かれていたのは、ドイツの原爆開発の危険性を説いた科学者たちの警告と、原爆開発への進言でした。「大量のウラン核分裂の連鎖反応を起こして、巨大なエネルギーを解放し、ラジウムのような原子を大量に作り出せる可能性がある……」。この書簡は、当時、ウランの核分裂を研究していたL・シラードが書いた文書にアインシュタインが署名したもの

だといわれています。

原爆、この許しがたい大量殺戮《さつりく》兵器の開発への道のりは、一九三二年のJ・チャウドックの中性子の発見にさかのぼります。この発見で、原子核は陽子と中性子によって構成されているという根本原理がわかり、原子核物理学の研究が着手されました。時あたかも第二次世界大戦の夜明け。翌三三年にはドイツでナチス政権が誕生、国内ではユダヤ人弾圧がはじまり、オーストリアに次ぎ、チェコスロバキアの併合が画策されます。

一方、原子核物理学の研究はまたたく間に進み、三八年には核分裂の発見へと続きました。原子核エネルギーを解放する仕組みがわかると、ナチスの迫害を逃れてきた亡命科学者の間に、ドイツが原爆を開発し、使用するのではという恐怖から、ドイツに先んじて核兵器を開発・研究を行うべきだという空気が高まっていきます。アインシュタインからルーズベルトに送られた書簡も、こうした当時の科学者たちの危機感をしたためたものでした。

ルーズベルトは翌三九年十月、ウラン諮問《しもん》委員会を設置します。とはいえ、この時点では核エネルギーを潜水艦の動力などに軍事利用できないかといった程度で、基礎研究の促進しか視野に入っておらず、予算も少なく原爆の製造を直接目的としたものではありませんでした。

米政府が原子炉中心の政策から原爆開発政策へと転じるきっかけになったのは、一九四一年のイギリスのＭＡＵＤ委員会の最終報告書です。四一年、第二次世界大戦勃発前にドイツから亡命してきた科学者、フリッシュらの研究成果から原爆開発の糸口を感じ取ったイギリス政府は秘密裏に暗号名「ＭＡＵＤ」の名で委員会を発足、第一線の科学者たちを集め、フリッシュらの研究をさらに進め、七月に委員会より最終報告書が提出されます。十月、この報告書を入手した米科学研究開発局長Ｖ・ブッシュは、ルーズベルト大統領とＨ・Ａ・ウォーレス副大統領にその内容を報告、十月九日、三者による非公式の会談が行われました。この会談でアメリカは一挙に大がかりな原爆開発へと方針を展開します。時まさに大東亜戦争開戦の二カ月前のことでした。

米国の原爆開発プロジェクトは、マンハッタン計画の名で知られています。これは一九四二年、プロジェクトの中枢が陸軍マンハッタン工兵管区に置かれ、以後ここを中心に開発が進められたことに由来しています。三者会談を境に軍が原爆開発を掌握する体制が取られ、科学者主導から政治主導へと、原子力エネルギーの利用から、〝敵〟に大打撃を与える新兵器の開発へと、大きく転換していったのでした。

政治主導となってマンハッタン計画は、十二万人もが加わる巨大なプロジェクトへと拡大していきます。当時のアメリカの自動車産業に匹敵する途方もない工場と研究施設が使用され、莫大な開発費が注ぎ込まれました。そして、たった三年で原爆が開発されます。

アインシュタインは後年こう述懐しています。

「私の人生最大の過ちは、原爆の開発を許す書面にサインしたことだ」と。

動物実験をするかのごとく原爆を落としたアメリカ

原爆はもともとはドイツの脅威に触発されてできあがったものであり、ドイツに使われる可能性がもっとも高いはずでした。それが日本に投下されたのはなぜなのでしょうか。

ひとつの理由は、白人種が抱いていた有色人種への人種的偏見です。一説では、広島にひとりも白人がいないことを確かめた上で、原爆を投下したといわれています。

パール博士は、日本で特別講演を行った際、原爆投下に隠された白人の有色人種に対する蔑視にもふれ、強い口調で激しく非難しています。

「広島、長崎に投下された原爆の口実は何であったか。日本は投下される何の理由があったか。当時すでに日本はソ連を通じて降伏の意思表示をしていたではないか。それにもかかわらず、この残虐な爆弾を『実験』として広島に投下した。同じ白人同士のドイツにではなくて日本にである。そこに人種的偏見はなかったか。しかもこの惨劇については、いまだ彼らの口から懺悔《ざんげ》の言葉を聞いていない。彼らの手はまだ清められていない。こんな状態でどうして彼らと平和を語ることができるか」

原爆の影響力を確かめるために、われわれ日本人をモルモット替わりにし、人体実験として使った、という見解を述べる人は、少なくありません。国際的なジャーナリスト・中丸薫さんもそのひとりで、「自国の軍人、他国の人間を動物実験替わりに太平洋戦争から湾岸戦争にいたるまでアメリカは人体実験を繰り返してきた」と指摘し、自著『日本が闇の権力に支配される日は近い』で「……ヨーロッパでは戦闘を短期終結させることができたイタリアから北への侵攻経路を選ばず、多くの犠牲をともなうノルマンディー上陸を意図的に遂行した。そして日米ともに大きな犠牲をともなうことが最初からわかっていた沖縄上陸作戦が強行されたのは、原爆完成までの時間稼ぎであり、原爆投下までは、絶対に日本に降伏されては困るというのが真の理由であった」とスッパ抜いています。

当時、日本はソ連に仲介を頼んで終戦工作を懸命に行っていました。政府としては戦争を打ち切る意志を明確に持っており、鈴木貫太郎内閣が必死に終戦のきっかけをつかもうともがいていました。鈴木貫太郎内閣が誕生したのは、終戦の年の四月で、鈴木貫太郎海軍大将、外相に起用された東郷茂徳ともに和平派です。この布陣からしても近いうちに戦争終結にいたるのは明らかだったのです。

アメリカにおいても、もはや日本に持ちこたえる力はなく、終戦は時間の問題だと見られていました。日本が崩壊寸前だという認識は、連合国首脳の共通の認識でした。大統領付き参謀長ウィリアム・D・レーリヒ提督は、完全に打ちのめされている日本に対しては上陸作戦すら必要ないと考えており、封鎖を続ければ、自然に戦争は終結するという見解を示していました。

実際、四五年春から夏にかけて出された、米統合参謀本部議長報告では、「日本はすでに敗北しており、降伏を準備している」となっており、P・ニッツ率いる戦略爆撃調査団も「原爆が投下されなかったとしても、ソ連が参戦しなくとも、本土上陸作戦がなかったとしても、日本は早ければ九州上陸作戦の決行予定日の一九四五年十一月一日までに、遅くとも一九四五年十二月三十一日までには確実に降伏するであろう」

と結論した最終報告書を提出しています。

原爆投下の決定を下したのはルーズベルトの急死によって米大統領の座についたハリー・トルーマンです。トルーマンは、軍事的行動なくしても降伏は間近であることを承知の上で、原爆投下を決行したわけですから、二度の日本への原爆投下は人種差別的なホロコーストだと断じるよりほかはありません。

しかも、原爆投下はアメリカ国民にも知らされておらず、秘密裏に決行されました。当時アメリカの世論を支配していたのは、戦争は軍人と軍人の戦いであって、民間人をできるだけ巻き込まないという考え方です。この世論の審判にゆだねれば、原爆投下反対の声が高まり、原爆投下を中止しなければならない恐れがあったためです。原爆投下の是非を世論に問えば、少なくとも、広島や長崎といった人口が密集する都市圏に原爆を落とすという政府の方針は、アメリカ国民の非難の的になっていたでしょう。

東京裁判オランダ代表判事レーリングも「ナチス・ドイツがユダヤ人を人間として扱わなかったように、またアメリカも日本人を人間として扱わなかったのだ」とし、次のように述べています。連合国の国民は「日本人を人間以下とみなすように教育されていた。（中略）彼らが人間ではないと感じていたから、広島、長崎で数十万人を一瞬にして焼殺できたのだ」。

原爆開発をリードしていたニューメキシコ州ロスアラモス研究所から原爆投下作戦を指揮するためにテニアン島に呼び寄せられたウィリアム・パーソンズ大佐も記者のインタビューに答えて、「ジャップがひどい目に合うことについて特別な感情はなかった」と語っています。まるで虫けらを殺すかのような非情さで、原爆は投下されたのでした。日系三世で、カリフォルニア大学バークレー校教授のロナルド・タカキ氏の著書『アメリカはなぜ日本に原爆を投下したのか』（草思社刊）には、当時のアメリカ人たちの日本人に対する激しい人種偏見を物語るエピソードがいくつも出てきます。「ある将校が妻への手紙に書いている。『あのがに股のゴキブリがわれわれの平穏な生活を破壊したことを思えば、アジアの街灯にジャップの腸《はらわた》をぶらさげてやりたい』」「広島への原爆投下の直後に、フィラデルフィア・インクワイアラー紙は、サルに似た動物が仰天してきのこ雲を見つめている漫画を掲載した」「当時のバッジでも、敵のえがき方は違っている。ドイツに向けたバッジにはヒトラーの写真があり、『指名手配の殺人犯』という言葉がつけられていた。日本に向けたバッジには、『ジャップ狩猟許可証、年中有効、無制限』と書かれている」「タイム誌が書いている。『普通の日本人は知性が低く、無知である。たぶん人間なのだろうが、人間であることを示すような点は……どこにもない』」

アメリカの主張によれば、「日本にポツダム宣言を一刻も早く受諾させ、日本上陸作戦にともなない見込まれるアメリカ兵犠牲者五十万人の命を救うため、また、日本を破壊させないための原爆投下だった」ということになっています。この弁解には、大きなまやかしがあります。

第一、犠牲者五十万人という試算は誇張された数字で、戦線で戦っていたアメリカの軍人たちのほとんどが、多くとも数万の犠牲者ですむと分析していました。「日本を破壊させないため」も明らかに取ってつけた言い訳としか思えませんし、降伏を促《うなが》すための示威行為が原爆投下だとするのなら、「ヒロシマ」だけで十分だったはずです。

長崎にプルトニウム型原爆が投下されたのは、広島にウラン型原爆が落とされたわずか三日後の八月九日です。もし、日本に降伏を決意させるためだとしたら、このような短期間のうちに立て続けに原爆投下を行う必要がどこにあるのでしょうか。

参謀部から派遣された調査団から広島原爆に関する被害報告が、日本政府に届いたのはヒロシマが被爆した二日後、すなわち長崎に原爆が落とされるわずか一日前です。壊滅的な被害を受けた広島では通信手段もズタズタになっており、連絡を取るのが困難だったために報告が遅れたのです。アメリカ側も、このような事態になるのは予測できたはずですし、承知していたはずです。

しかし、日本政府にポツダム宣言の受諾《じゅだく》を検討する時間さえ与えずに、プルトニウム型原爆「ファットマン」を積んだB29爆撃機「ボックス・カー」が八月九日、気象観測機をともなってテニアン島から飛び立ちました。プルトニウム型原爆は、当初、第一目標を小倉、第二目標を長崎とし、八月十一日に投下される予定でした。ところが、八月九日は晴れるが、以後少なくとも五日間は悪天候が続くことが予想され、急遽《きゅうきょ》予定は繰り上げられたのです。

九日午前二時四八分、テニアン島を離陸した「ボックス・カー」は一路、第一目標の小倉を目指しました。予定よりやや遅れて到着した小倉上空は、雲がかかっており、目視爆撃ができない天候だったので、目標は長崎に切り替えられます。長崎も曇りでしたが、一瞬、雲の合間から目標の北二、三キロにある競技場がのぞけ、原爆は落とされました。ナガサキでの即死者は七万人、その後、五年間に放射能でさらに七万人あまりが亡くなります。

アメリカの主張は、原爆投下を正当化するための欺瞞《ぎまん》にすぎません。

原爆は対ソ外交の切り札だった

ナチス・ドイツが降伏したのは、一九四五年五月七日です。本来なら、この時点で原爆開発の理由はなくなったはずですが、マンハッタン計画は、ドイツ降伏後、むしろ、急ピッチで進められています。この事実からも、日本人に対してなら躊躇《ちゅうちょ》なく原爆が落とせるという差別意識があったことがうかがえますが、原爆開発がスピードアップした裏には、もうひとつ大きな理由がありました。

東欧で、そしてアジアで次第に勢力を伸ばしてきたソ連の脅威です。当時、ソ連は、ルーマニア、ハンガリーにすでに侵攻を開始しており、四月にはベルリンに突入していました。このソ連の膨張を牽制するために、原爆の投下に踏み切ったのです。

こうした見解は、すでに歴史学者の一致するところとなっており、マーチン・シャーマンはその著書で「原爆は、予期される戦後の対立でソ連を打ちまかす最大の切り札」(『破滅への道程—原爆と第二次大戦』TBSブリタニカ)と述べていますし、B

・J・バーンスティンは「ソ連を威嚇《いかく》することが根本理由であり、ソ連の影響力が日本、満州、朝鮮、中国におよぶことを阻止するために、ソ連がアジアでの戦争に全面的に参加する前に、核兵器の使用によって日本を降伏させる戦略をとった」と分析しています。

対ソ原爆外交は、四四年九月にすでに動きはじめているふしがあります。九月、イギリスのチャーチル首相とルーズベルト大統領が会談し、交わしたハイドパーク覚書の中に「原爆を日本に使う可能性がある」という一節が書かれています。この頃から、ドイツ降伏後、東欧に次第に勢力を伸ばしてきたソ連への脅威が、英米の大きな憂慮の種となりはじめており、対ソの外交戦略として原爆を日本に使おうという考え方が芽生えてきます。焦点はすでに「戦後」に向けられようとしていました。翌四五年に入ると、日本の戦況はますます悪くなり、もはや戦後の防共対策が米英の最大の関心事となります。

ヤルタ会談で極秘裏にソ連の参戦が決まり、さらに原爆外交が大きな意味を持ちはじめます。ソ連が参戦を表明すれば、たちどころに日本が降伏することはわかっています。しかし、ソ連の参戦で日本が降伏すれば、アジアでもソ連の力が強まり、第三次世界大戦の引き金にならないとも限りません。それを避け、西側諸国の支配体制を維持するためには、原爆は格好の武器でした。原爆の威力を見せつけることによってソ連を威嚇《いかく》、牽制できる上、原爆が終戦をもたらしたとなれば、日本の戦後処理はアメリカ主導で進められるからです。

国際ジャーナリストの中丸薫さんは、「沖縄上陸作戦は原爆完成までの時間稼ぎ」と指摘していますが、時間稼ぎは沖縄上陸作戦だけではありませんでした。ポツダム会談も対ソ原爆外交を睨《にら》んで進んでいきます。英米ソの指導者たちで戦後処理が話し合われたポツダム会談のポツダム宣言の原案は、原爆開発の最高責任者・スチムソン陸軍長官によって作成されました。

すでに敗戦を覚悟し、ソ連を介して和平への道を探っていた日本にとって、唯一にして絶対の条件は国体護持、つまり天皇制の存続でした。当初、スチムソン案はこの日本の要望を受け入れ、暗に天皇制の存続を容認する内容になっていました。ところが、実際に出された案からは、天皇制存続保証の項が削除されており、これがポツダム宣言として七月二十六日、日本に突きつけられました。

この書きなおしの裏には、アメリカの深謀遠慮《しんぼうえんりょ》があったといわれています。スチムソン案では、日本が即座に宣言を受諾し、短期間に終戦へと進む可能性が高いと考えられています。しかし、そうなれば原爆を使用する機会を失い、ソ連に対する威嚇《いかく》もできません。そこで日本が受け入れないであろう内容に書きなおし、原爆投下へと誘ったというのです。

その証拠に、ルーズベルトの後をついだトルーマン大統領が原爆投下の命令を下したのは、ポツダム宣言発表の一日前、七月二十五日のことです。また、ソ連のスターリンはヤルタ会談で極秘裏に決めた参戦の日を一週間早め、ヒロシマに原爆が投下された二日後には満州に進攻しています。原爆投下には、米ソの思惑が強く働いているのです。

当初、投下目標としてあげられていた京都が除かれたのも、外交上の駆け引きからです。原爆投下目標都市を決するにあたって考慮されたのが次の三点です。①原爆の効力が十分確かめられること、②日本に最大限心理的打撃を与えられること、③この新兵器の重要性が国際的に十分認められること。この選定基準で最終的に選ばれたのが、京都、広島、小倉、新潟でした。ことに京都は、日本の千年の都であり、伝統文化の源であり、第一目標にすべしという意見が主流でした。これに反対の意を表明したのは、スチムソン陸軍長官です。

「京都を破壊してしまうと、日本人にアメリカに対する深い憎悪を植えつけてしまう。そうなれば、戦後、長期間にわたって日本をソ連よりわれわれの側に同調させるのが不可能になってしまう」

このスチムソンの意見が通り、京都が除かれ、かわって長崎が加えられたのです。

人種差別丸出しで外交の道具として数十万人という罪のない民を一瞬にして、葬《ほうむ》る……今、人権外交を唱えるアメリカには、過去、悪魔の仕業としかいいようのない原爆投下という歴史があったことを忘れてはなりません。

いまだ反省なきアメリカ

いや、アメリカによる日本人に対するホロコーストは、原爆だけではありません。全国各地で百回を越える空襲によって無差別攻撃が行われ、日本の主な都市はほとんど焦土《しょうど》と化しました。もっとも被害の大きかった四五年三月九日から十日にかけて行われた東京大空襲では、八万三千人が死亡しています。そのうち大部分が非戦闘員の民間人です。

東京裁判は、連合国側の主張によると「非人道に対する罪」が大きな柱のひとつになっています。だとすれば、「ヒロシマ」「ナガサキ」への原爆投下、本土空襲により百万人単位の日本の罪無き人々を葬ってしまったアメリカこそ、裁きを受けなければなりません。

ところが、東京裁判では、連合国側は、恥部を隠すがごとく原爆投下に関しては、ふれることさえ許しませんでした。GHQ占領下では、原爆を話題にすることすらタブーだったのです。

ソ連も同罪です。原爆投下でもはや日本の敗戦が決した時に、一方的に日ソ不可侵条約を破棄《はき》、日本に宣戦布告をし、六十師団にもおよぶソ連軍が満州に怒濤《どとう》を打って一気になだれ込みました。日本が最後の頼みの綱として、アメリカとの和平交渉を依頼している時にです。

ソ連軍の満州での無法極まりない傍若無人《ぼうじゃくぶじん》のふるまいは想像を絶するほどだったと伝えられています。略奪、強姦、暴行は日常茶飯事で、戦闘にはなんら関係のなかった民間の移民までシベリアに抑留し、過酷な強制労働を長年課し、多くの命を奪っています。こうした米ソの許しがたい犯罪行為は、すべて東京裁判でおおい隠され、原爆の被害国、日本だけが一方的に断罪されてしまったのでした。

しかも、アメリカはいまだ一方的な論理を振りかざして、賠償を求めてきます。

杏林《きょうりん》大学の社会科学部長・田久保忠衛教授が産経新聞で米カリフォルニア州民事訴訟法の改正にふれて激しく非難しています。

昨年、七月十五日、カリフォルニア州議会で、民事訴訟法に「賠償・第二次大戦、奴隷的な強制労働」という条項を追加する改正案が提出され、成立しました。この法律は「ナチス政権、その同盟国、同調国による戦争捕虜」を対象にしており、「賃金の支払いなし」あるいは「奴隷的労働」を強制された者は関係した企業に対して二〇〇〇年までに損害賠償を請求できると定めています。現在、これを根拠に三井物産、三菱商事、新日鉄、昭和電工、川崎重工などの在米日本企業が続々と訴えられているといいます。

さらにカリフォルニア州議会は、日系二世の州下院議員マイク・ホンダ氏の提案した「第二次世界大戦時の日本軍による戦争犯罪に関する下院共同決議」を採択しました。この決議には、「第二次世界大戦中、日本とドイツはまぎれもなくジュネーブとハーグ国際協定に違反して人道に関する残忍非道な罪を犯した」「ドイツ政府とは対照的に、日本政府は第二次大戦中の犯罪を謝罪することと、犯罪の犠牲者への補償の支払いをまったく拒否してきた」「日本軍の捕虜となった多くの米国軍人および一般市民は非人間的な強制収容所に閉じこめられ、労働を強いられ、口に出せない殺され方をした」「日本軍は『ザ・レイプ・オブ・南京』で知られている一九三七年十月から一九三八年二月までに中国を侵略して三十万人の中国人、婦女子を虐殺し、二万人以上の婦人を強姦した」……などの日本の罪状が延々と述べられています。

田久保さんならずともあきれてものがいえません。カリフォルニア州議会の歴史認識にも、そのいけ図々しさにも。アメリカ政府は、「原爆」の文字はハーグ国際協定にはないので、違反していないなどと主張し、原爆を正当化する論理ばかりを繰り返しています。しかし、百歩譲ろうとも、百キロ譲ろうとも、原爆投下が非人道的な行為だったことを否定するわけにはいきません。戦時中の賠償についても、対日講和条約によってすでにけりがついています。それを今さら蒸し返し、ナチのホロコーストと同罪だと断じてくる。原爆や空襲には、ほおかむりしてです。アメリカは、どちらかが一〇〇%正しく、どちらかが一〇〇%間違っているという宗教戦争時代の観念から一歩も脱していません。

田久保さんは、このようなアメリカの態度が日米の戦争を招いたとして、三十年前の日米繊維摩擦時のエピソードを紹介しています。

「(当時)『ワシントン・ポスト』紙の漫画には、日本海軍の零式戦闘機（ゼロ戦）が真珠湾の上で爆弾を落とし、その爆弾に『繊維』と書かれていた。当時のニクソン政権の要請で日本繊維の対米輸出の自主規制を日本側が強いられようとしたとき、谷口豊二郎・日本繊維産業連盟会長は日本綿業倶楽部で演説し、『自分が中学生時代にカリフォルニア州で日本人排斥法が成立したとき〝米国人というのは日本人を差別し、ひどいことをしやがるな、いっぺんあれはやっつけたらないかんな〟と思い、こういう受け取り方が日米間の戦争につながった』と述べたのである」

もっとも、アメリカだけを責めるわけにはいきません。抗議をしない日本政府も日本人も悪い。筋の通らぬアメリカの主張には、反論し、こちらもヒロシマ・ナガサキに対して犯した罪を相手に認めさせなければなりません。

「アメリカ大統領は、ヒロシマでナガサキで謝罪せよ」

国際金融アナリストであり、時事評論家でもある増田俊男さんという異色の論客がいます。彼を私に紹介してくれたのは、評論家の竹村健一さんです。増田さんはアメリカでの生活が長く、普通の日本人では持ち得ない視点をお持ちの愛国者で、竹村さんもその意見を参考にしているとうかがい、お話を聞いてみると、なるほど今までにはない視点からさまざまな指摘をされるので、目から鱗《うろこ》が落ちた思いがしました。

増田さんの数ある指摘の中でも、とりわけ共鳴し、ぜひ実現しなければならないと感じたのは、米大統領によるヒロシマ・ナガサキでの謝罪です。これまで現役の米大統領がヒロシマ・ナガサキを訪れたことは一度もありませんし、原爆に対する謝罪も一言もありません。また、日本政府も、波風を立てることを恐れてか、謝罪要求を一切持ち出しません。

それどころか、アメリカはいまだヒロシマ・ナガサキへの原爆投下は誇りだとさえ思っています。オハイオ州デイトンにある空軍博物館には、長崎に原爆を投下した爆撃機「ボックス・カー」が誇らしげに飾ってあり、その前でガイドは、「この爆撃機が原爆を落とし、多大な成果をあげた。アメリカの世界一の科学技術がそれを実現可能にした。ボックス・カーはアメリカの栄光の象徴です」などと説明しているといいます。

第一章で指摘したように、スミソニアン博物館の一件もあります。アメリカではヒロシマ・ナガサキへの原爆投下は正義で、アメリカの栄光の象徴とすら信じている人間も少なくありません。

増田さんは、平成十年四月、ご自身のインターネットホームページで高らかに宣言しています。

「私は、広島・長崎原爆投下による無差別殺戮《さつりく》と東京私刑（リンチ）裁判の重罪に対する謝意をアメリカ合衆国に求める。

四月二十五日から五月七日まで私は合衆国へ行く。それは日本の還暦（戦後六十年）の二〇〇五年に合衆国から正式な『対日謝罪声明』を勝ち取る準備のためである。

私は今日まで一年間『時事直言』（注：増田氏の開いているサイトの一コーナー）であらゆる角度から『日本がアメリカ合衆国の侵略下にある事実、日本の主権が剥奪されている事実』を証明してきた。それはアメリカ合衆国の国益を主眼とした対日戦略『日本国憲法』、領土内に他国軍の基地と治外法権を与えて軍事行動の自由を保障し、みずからを自国の軍事支配下に置く事を日本の『安全の要《かなめ》』とする日米安保、そして日本の国際主権をすべて奪い去る国連憲章であった。そしてこれら日本の主権を否定する三本柱を国是《こくぜ》とする日本政府は『アメリカ合衆国NO.51州』だと糾弾してきた。

真の日本が存在しない日本で日本再建のために何が出来ようか。日本を奪っているアメリカで日本を取り返すのが筋であり順序。そしてそれは『アメリカの対日謝罪』

により日本史から戦後を取り除き、歴史を日本が満ち満ちていた元へ戻すこと（還暦）である。

日本を批判し、嘆く時は終わった。奪われたものをみずからの力で取り返す時が来た。我々から主権を奪った者に海を隔《へだ》てた所から懇願し、要求するのは馬鹿げている。それは乞食《こじき》であり、また相手にとっては『犬の遠吠え』である。堂々と相手の国へ行き、相手の法にのっとって、取り返し、違法を謝罪させることだ。

幸い私にはハワイの貴重な経験（百年以上前に米人に搾取されたハワイアンの土地に対し起こした対ハワイアン謝罪声明要求運動を支援し、成功した経験）がある。さらに私は四十七士、早見藤左衛門の末裔《まつえい》。ハワイアンの復権運動に私を駆り立てたのは私の身体の中に流れる藤左衛門の『復讐の遺伝子』。武士道（正義）を踏みにじる者に対する復讐のDNAであった。

アインシュタインは『世界の人類は欲に駆られて争いと混乱を繰り返し、最後に疲れる時が来る。その時世界の人類は真の平和を求めて世界の盟主を求める。それはあらゆる国の歴史を超越する、尊い国、日本である。我々は日本を存在せしめた神に感謝する』（原文要約）といっている。

私は地球の責任者日本が崩壊しようとしている今日、この時に私に生を与えてくれた神に感謝する。そして今『討ち入りの決意』をするものである。

平成十年四月十八日（アインシュタインの命日、私の誕生日）」

アメリカの美徳は、こちらが指摘すれば素直に非を認め、改める点にあります。アメリカは、自浄作用の働く国です。アメリカ人は非常に柔軟な国民です。増田さんは、宣言文の中にもあったとおり、ハワイアンの復権運動を通して、このアメリカの柔軟性を身を持って知っていらっしゃるおひとりです。日本が理路整然と、毅然として過去の過ちに対する謝罪を求めれば、アメリカは必ず応じてくれるはずです。そして、そこからはじめて真の日米関係がスタートします。

反米になるのではなく、相互信頼と対等な関係を結ぶために

日米両国の間には、人類史上最悪の大虐殺の被害者と加害者という関係がありながら、あたかも何事もなかったかのように日米関係は続けられています。そればかりか、

前述したとおり、アメリカは今も一方的に賠償を求めてきます。

現在、日米の間には対等というにはほど遠い関係しかなく、日本は従属外交を展開しています。日本はアメリカの要求や主張を受け入れるだけで、同盟国でありながら、互いが対等な立場でものをいえる関係がない。これは日本だけではなく、アメリカにとっても好ましい状態だとはいえません。

第二章やこの章でアメリカが過去、日本に対して行ってきた暴挙について述べてきました。みなさんの中には、日本にひどい仕打ちを続けてきたアメリカに対して憎悪の念がわいてきた方がいるかもしれません。

しかし、私が歴史の真実をつまびらかにした真意は、そこにはありません。日本にとって、アメリカは非常に重要な国です。反米感情をいたずらにかき立てて、アメリカを敵視すれば、日本の国益に反します。歴史には正邪はありません。

たとえば、日本の戦国時代を考えてみてください。武田信玄と上杉謙信が川中島の合戦を戦って、武田信玄が勝利を収めた。勝敗の行方は抜きにしても、どちらが悪くてどちらがよかったなどと判定を下すことはできないはずです。

アメリカにしてみれば、当時の常識、西欧の論理に従っていただけにすぎないともいえます。歴史にあるのは、事実だけです。歴史の真実は真実として直視し、これからの日米関係の糧《かて》にしなければなりません。アジアの平和を守るためにも、本来の対等な関係を築き上げ、信頼をいっそう深める必要があります。その第一歩がヒロシマ・ナガサキへの米大統領の謝罪要求です。

五十年間、郷里ヒロシマを捨てた男の心中

ヒロシマ・ナガサキの原爆では、幾多の無辜《むこ》の民が、自分の身の上に何が起こったのかわからないまま、肉親の安否を気づかいながら亡くなっていきました。放射能でやられ、その後、亡くなった人も子を思い、親を思い、同胞を思いながら旅立ちました。

平成二年五月、厚生省はヒロシマ・ナガサキの原爆被爆者の死没者実態調査をはじめて発表しました。あらたに約一万二千人の身元が確認され、原爆死没者総数は二十九万五千九百五十六人と発表されました。

日本被団協の資料によれば、死者の六五％が女性、子供、高齢者であり、とくに十

代の中学生、女学生が二〇％も含まれ、か弱い非戦闘員の犠牲が多かったことを示しています。また、その被爆死のむごさは、倒壊した家屋の下敷きとなり生きたまま焼け死んだ「轢死《あつれきし》」が多かったことや大火傷による死者が多かったこと、急性原爆症による死亡などからもうかがえます。

生きながらえた被爆者に待っていたのも悲劇でした。萩原さんのエッセイの一節です。

「生きながらえた被爆者も、後遺症に悩まされながら、あの日〝多くの被爆者を助けられず、自分だけ生き残った申し訳なさ〟に今もなお〝心の傷〟の中で生き続けている」

萩原さんの心の傷も、また癒えることはありません。萩原さんは、地獄の広島を離れて以来、ずっと被爆地に戻ることができませんでした。父や母の眠る地でありながら、一歩も踏み入れることができません。無垢な少年の心の中に焼きついた地獄の光景は、それほど強く後遺症として残っていました。しかし、五年前、死ぬまでにもう一度、広島の被爆地をこの目で見ておかなければという心境になり、意を決して被爆地の土を踏みました。

広島の被爆地・白島に降りた途端でした。すべての景色が色を失い、まるでフラッシュバックのように、モノクロの映像に変わりました。瞬時にして蘇るあの地獄の光景……萩原さんは、その場に立っていられなくなったといいます。

五十年間かかってやっとたどり着けた故郷の被爆地。だが、そこにあったのは、いまだ記憶の中で生々しく生き続ける地獄でした。

ヒロシマの墓碑銘は今すぐ書き換えろ

私は過去三度ほど、ヒロシマ・ナガサキの地を訪れています。本書を執筆するにあたって、あらためてヒロシマ・ナガサキを旅し、また気持ちが引き締まる思いがしました。

街を歩けば、戦争の爪痕はまったくといっていいほど感じることはありません。あれほど甚大な被害を被りながらも、戦後の復興で戦争の後遺症は跡形もなく消えたかのようで、わずかにヒロシマに残る原爆ドームだけが、生々しく当時を伝えているのみです。

萩原さんがあの地獄の三十日を味わった京橋川の河原には平和の象徴である鳩が舞い降り、あの屍で満たされていた川面《かわも》も、今はただ静かに蕩々《とうとう》と流れているのみです。生まれ育った白島九軒町は、きれいに区画された住宅地に変わり、リバーサイドにはマンションが林立しています。そして、すぐそばを日本の経済繁栄の大動脈、新幹線が猛スピードで走り抜けていきます。

しかし、いくら街から戦争の後遺症が消えようとも、いくら立派なビルが建ち並ぼうとも、パール博士の言われたように「原爆の被害よりも大きい東京裁判史観による被害」が、日本人の精神の荒廃を招いています。パール博士が憤《いきどお》った、あの広島の平和記念公園の原爆死没者慰霊碑には、「安らかに眠って下さい　過ちは繰返しませぬから」という言葉が今も刻まれています。これは、原爆死没者に対する冒瀆《ぼうとく》です。

墓碑銘は、書き換えられなければなりません。「私たち日本人は、世界に二度と核兵器を使わせませんから」と。唯一の原爆被害国として、はっきりと原爆をはじめとする核兵器を絶対に使わせないと、原爆死没者たちに誓うべきです。

また、長崎原爆資料館には、いまだ堂々と偽りの南京事件の写真が飾られており、アメリカの原爆投下がさも正当な行為だったかのような印象を与えています。被爆者の霊を弔《とむら》い、あの悲劇を繰り返さないために設けられている広島平和資料館や長崎原爆資料館に、歴史を曲げる記述が多々見られることに、私は憤《いきどお》りを通り越して悲しみすら覚えます。正しい歴史を知らない限り、過去の悲劇は何度でも繰り返されます。私たちは、あのようなねじ曲がった記述が、原爆資料館にあることを許してはなりません。

一刻も早く、歪曲《わいきょく》された歴史を正し、その上で原爆投下という事実を見つめなおし、これからの日本が何をなすべきかを考えなければなりません。

唯一の被爆国、日本の果たすべき役割

原爆がヒロシマ・ナガサキに投下されて五十五年。核保有国は、アメリカ、ロシア、中国、フランス、インドの五大国に加えてパキスタン、イスラエル、イランなどが仲間入りし、リビア、イラク、北朝鮮など多くの国で核疑惑が取りざたされています。さらに核保有潜在能力国（日本も含む）も考慮に入れれば、近い将来、世界の四分の三の国が核兵器を持つという空恐ろしい予測すらあります。核の運搬手段、ミサイル

の開発も格段に進み、電子技術によって命中度も向上しました。しかも、ヒロシマやナガサキに投下された原爆の何百倍もの威力を秘める水爆を今、人類は手にしています。いま地球上にある水爆で、二十回も地球を吹っ飛ばすことができるといわれています。

軍縮が進んだ現在でも、確認されているものだけで、核兵器の数は二万発を超えており、ひとたび核戦争が起きれば、人類は破滅の危機に立たされるという事態に直面しています。

現在、日本人は「原爆投下は、もともと宣戦布告なしに真珠湾に攻撃をした自分たちが悪かったせいだ」とか、あるいは「原爆投下は戦争を早く終わらせるためにやむをえなかった」というアメリカの弁明を、アメリカの戦中・戦後プロパガンダに毒され、何の疑問もなく受け入れています。あるいは、「今が平和だからいいではないか」とばかり、原爆を過去の悪夢だとしてなるべくならふれずにおこうという風潮も蔓延《まんえん》しています。それ以前に、原爆投下の悲惨さや残忍性すらまったく知らない若い人たちが増えてきました。ヒロシマでナガサキで、何があってどのくらいの死者が出たか、原爆投下はあったということを知っていても、その被害まできちんと答えられる人はあまりいません。

萩原さんは、こうした状況を前にため息をつきます。「日本人は、もう一度原爆を落とされるまで目が覚めないのか。あのヒロシマで被爆し苦しみ抜きながら死んだ私の肉親や仲間たちの死は何だったのか」と。

このままでは、必ずや世界で、アジアで、日本で、もう一度ヒロシマ・ナガサキの悲劇が繰り返されます。

唯一の被爆国である日本に住む私たちが、原爆の恐ろしさを訴え、世界で二度と核兵器が使えない仕組みをつくらなければ、恒久平和はやってきません。被爆国であるがゆえに、できる役割です。それは大国の論理におもねることでもなければ、ただいたずらに核廃絶を叫ぶことでもありません。正しい歴史の認識と教訓の上に立って、主張すべきことを主張する態度と勇気が何よりも必要になります。

「東京裁判」の冤罪、「侵略戦争」の汚名を晴らさずに新生ニッポンはない

今、私たち日本人の魂には、すっぽりと大きな空洞が空いています。その元凶をた

どれば、自存自衛のための戦争であった大東亜戦争が侵略戦争だと断罪され、当時の日本の指導者たちが罪なき罪で裁かれた東京裁判にあります。現在、頻発する青少年の凄惨《せいさん》な殺傷事件、家庭内暴力、学級崩壊、登校拒否児の激増……子供たちの精神の荒廃も、東京裁判により真実がねじ曲げられ、日本人の心そのものが否定されたところから出発しています。

二十一世紀の新生ニッポンの創世を、このこと抜きにいくら考えようとも空虚です。新しい世紀を迎えるにあたって、今、私たちが勝ち取らなければならないのは、東京裁判で日本人が負わされた汚名の払拭《ふっしょく》であり、名誉の回復です。先輩たちが営々と築いてきたよき歴史と伝統文化、日本人の魂の復権です。具体的には、米政府に「太平洋戦争（大東亜戦争）は日本の自存自衛のための戦争であり、東京裁判の判決は誤りであった」と公式見解として認めていただき、歪曲された歴史観を明文化して正す必要があります。でなければ、冤罪《えんざい》にもかかわらずA級戦犯、B級戦犯として処刑された人々の魂、そしてヒロシマ・ナガサキで一瞬のうちに焼き殺された市民の魂は成仏できませんし、ご遺族の方々の心の傷も癒されることはありません。

東京裁判から既に半世紀が過ぎています。当時の関係者の大半はもうこの世の人ではなく、誰が悪い、責任は誰にあるといった責任追及は今更行うべきものでもありません。また、すべては当時のアメリカの国益に添って行ったことであり、当事者を責めるべき性質のものでもありません。責任問題、賠償問題などは一切不問に付し、ただ、〝真実〟は〝真実〟として認めていただく。〝真実に理解力のある懐の深い〟アメリカの良心に、私たちは強く訴えかけていかなければなりません。

第四章

「マッカーサー憲法」を大事にしてきたニッポンの悲喜劇

世界の常識が通用しない国

占領軍による戦後体制を論じる場合、日本国憲法にもふれないわけにはいきません。現行憲法がどのような経緯で草案され、どんな問題を孕《はら》んでいるかといった点については、後で詳しく述べるとして、戦後、五十年以上たった今も、私たちは一度も憲法改正を行ってきませんでした。これは、世界的に見て非常に希有《けう》な例です。

たとえばアメリカ合衆国です。アメリカの憲法が制定されたのは、一七八七年九月十七日。その翌年の六月から施行されました。以来、二百年余りの間に、二十六回もの憲法改正が行われています。一回目の改正は、制定から四年後の一七九一年。この時、一条から十条までが挿入されました。これらの条項は、すべて人権に関するものだったので、ひっくるめて「権利章典」と呼ばれています。

日本と同じ第二次世界大戦の敗戦国、ドイツも幾度かの憲法改正を経験している国です。ナチス・ドイツが降伏するとドイツは、米ソ英仏の四カ国によって東西に分割統治されました。米英仏が統治する西ドイツで、憲法の代わりとして暫定的に決められたのが「ボン基本法」です。一九四九年五月八日、議会委員会で草案が可決、バイエルンを除くすべての州議会で採決され、五月二十四日から施行されました。ボン基本法は、ドイツ再統一によって本来の憲法が制定されるまでの仮の憲法でしたが、その後、事実上、西ドイツの憲法となります。

ボン基本法が文字どおり、ドイツの憲法になったのは、あの劇的なドイツの再統一がなった一九九〇年の十月三日です。西ドイツの事実上の憲法から統一ドイツ憲法となる間、ボン基本法は何度も改正されており、合計三十五回にものぼります。

原理原則がうるさい社会主義国でさえ、経済や政治が思わしくいかない場合は、躊躇《ちゅうちょ》なく憲法改正に踏み切っています。一九四五年からの三十年間をとっても、スウェーデン三十七回、スイス三十三回、ニュージーランドとオーストラリア二十九回といった具合で、憲法に指一本ふれなかったのは、日本を除けばバチカンぐらいなものです。

このように世界の大半の国が多かれ少なかれ幾度かの改憲を体験しているのは、憲法は、その国の基本方針を決めた、国家経営の見取り図だからです。言い換えれば、国民が幸福に暮らすためには、どのようなルールを定めて、国を運営していけばいいか、その基本原則をしたためたもので、私たちが幸せになるための道具です。単なるツールにしかすぎないわけですから、本来なら使い勝手が悪くなれば変更すべき性質のものなのです。憲法は決して不可侵のものではないのです。

私たちや国家を取り巻く状況は、刻々と変化しています。国際情勢は移り、経済環境も変わり、国民の望む幸福の形も当然変化していきます。戦後五十五年を切り取っても、米ソの冷戦構造がスタートし、ソ連の終わりとともに終結、世界秩序は百八十度転換しました。国際的にも国内的にも環境が移り変わっているのに、国の基軸となる憲法が何十年も一緒のままでいいはずがありません。たとえ作成した当時、理想的な出来ばえだったとしても、国の変化とともに適合しなくなって当然です。

日本の憲法とて例外ではありません。論議の的になってきた憲法九条問題のみならず、多くの条項が、戦後五十年以上をへた今、科学技術の進展や国際社会の大きな変化、国内の民主主義の成熟にともなって時代に合わなくなっています。

憲法を改正するにあたっては、タブーもありません。たとえば、第二次大戦で同盟を結んでいた西ドイツの基本法には、日本と同様、占領国の意向により制定時には軍隊に関する取り決めは一切含まれていませんでした。しかし、その後、東西冷戦が進展する中、一九五一年十月のパリ協定で西ドイツのＮＡＴＯ加盟が決定されたことなどにより、再軍備の必要性が出てきます。そこで五六年の改正で、十八歳以上の男子の兵役義務、軍隊の設置が明記されました。

ましてや日本国憲法は、後で指摘するように国民の意思を反映した憲法とはいえないのですから、改憲の声が高まってしかるべきです。ところが、日本は後生大事に、この五十年間、占領軍憲法を守り続けてきました。ついこの間までは、日本国憲法に関しては議論さえ御法度《ごはっと》で、国会で改憲発言をしただけで騒動に発展してしまい、審議がストップしていました。占領軍憲法を維持し続けなおかつ聖域扱いし、金科玉条《きんかぎょくじょう》として一言たりとも変えるのはまかりならぬではとても民主主義とはいえません。占領憲法を後生大事に保持していることがそもそも国の繁栄、国民の幸せをまったく無視した愚挙です。現在の憲法は一度破棄して、あらたに自分たちの手で自分たちの憲法を創造すべき時に来ています。

占領軍憲法を後世大事に守り続ける愚

「今の憲法を破棄しろ」などというと読者の中には「恒久平和を謳《うた》った現在の憲法は世界のお手本にこそなれ、決して恥じるものではないのだから、このままでどこがいけないのか」と反発をおぼえる方がいるかもしれません。誤解しないでください。私は、現在の憲法の中身がすべてダメだとかたくなに否定しているのではありません。最大の問題は、戦後GHQから押しつけられた占領軍憲法に対して、過去一度も憲法論議が国会で本格的に組上《そじょう》に上がったこともなく、改憲の意思を国民に問うたこともないという事実にあります（現在は状況が変化していますが）。また、国民も真剣に憲法について討議しないままに来た事実自体が大問題だと、指摘しているのです。

現在の日本国憲法の草案、「憲法改正草案要綱」が発表されたのは、昭和二十一年の三月六日です。この草案は、日本政府が自主的に作成したものではなく、その裏にはGHQ（連合軍総司令部）の意向がありました。いや、意向というより草案そのものが、ＧＨＱが作成した原案の翻訳にすぎません。

戦後、はじめて憲法改正がＧＨＱより示唆《しさ》されたのは、昭和二十年の十月です。天皇陛下の玉音放送があった二日後に誕生した東久邇宮稔彦《ひがしくにのみやなるひこ》内閣の近衛文麿国務相が十月三日、マッカーサー司令官と会見し、憲法改正の示唆を受けています。そして、まもなく誕生した幣原《しではら》喜重郎内閣のもと、松本烝治国務大臣を長とする憲法問題調査委員会によって起草された憲法改正案が昭和二十一年二月八日、正式にＧＨＱに提出されました。しかし、この草案は、戦前の大日本帝国憲法の条文に若干の手なおしをしたものにすぎなかったため、ＧＨＱに提出した途端、ＧＨＱのホイットニー民政局長から拒絶を受けてしまいました。その代案としてＧＨＱが委員会に手渡したのが、ＧＨＱのスタッフがあらかじめ作成していた英文の草案です。

実は、草案が提出される前に、毎日新聞が松本試案の存在をスクープし、ＧＨＱは政府にこの草案の内容を明らかにするよう要求していました。そして、いち早くマッカーサー司令官は、新憲法の基本内容三原則を提示しました。

その内容は簡単にいえば、①天皇を元首とはするが、その義務、機能などは憲法に基づく、②戦争の放棄、③封建制度の廃止です。このマッカーサーの指示によって民政局のスタッフが執筆にとりかかったのが、ＧＨＱ案です。占領下ではマッカーサー司令部の意向は絶対です。ＧＨＱの威光は、今みなさんが想像するよりはるかに絶大でした。

占領政策の批判や誹謗《ひぼう》は当時、一切許されず、違反者は密かに裁判によって重労働の刑に処せられました。また、郵便の検閲《けんえつ》も実施されており、仇討《あだう》ちをする時代劇も禁止。旧時代を彷彿《ほうふつ》とさせるテーマでは、ＧＨＱの許可が下りませんでした。教育の現場でも、教科書の忠君愛国や軍国主義を礼讃《らいさん》する箇所は、真っ黒な墨で塗りつぶさせられましたし、体操などで集団活動をすることさえ禁止です。

現在、お隣の朝鮮半島の北朝鮮の民衆は、一切自由な発言は許されていません。金正日を頂点とする労働党が絶対権力を握り、居住地や職業までも党によって決定されます。そこまでひどくはありませんでしたが、つい五十五年ほど前には、日本でも似たような状況があったのです。アメリカは自由の国で、民主主義が発達した国だというイメージが強いので、信じられないかもしれません。しかし、現実には当時の日本国民からみれば、当時のマッカーサーは、北朝鮮の金日成、金正日に等しい絶対権力者で、独裁者として君臨していました。

当時日本には主権がありませんでした。日本の国会で決議された法案は、すべてＧＨＱの承認なしには施行できなかったことからも、それは明白です。

ＧＨＱから自分たちの案を言下に拒否された憲法問題調査委員会は、大あわてで英文を翻訳し、幣原内閣は二月二十二日に、ＧＨＱ草案受け入れを閣議決定し、ＧＨＱ案を下敷きにして草案をつくりなおしました。その後、三月六日にＧＨＱの承認を得、翌日、その草案が「憲法改正草案要綱」として公にされたという経緯をたどっています。

草案は政府案として国会で審議され、八月の衆議院で一部修正して可決された後、十月の貴族院の承認をへて、十月七日に日本国憲法として成立、十一月三日に公布されました。

ＧＨＱの翻訳原案は、日本側のねばり強い交渉で、一部修正を認められたものの、政府案は大筋ではＧＨＱの作成した原案に沿った内容です。政府案とＧＨＱ案のもっとも大きな違いは、土地の所有制度に関する事項です。ＧＨＱ案には、「一切の土地や天然資源の究極的所有権は人民の集団代表者としての国会に帰属する」という一文が入っていましたが、この部分は削除されました。もし、この項目が削られていなければ、日本の土地は国有制になっていたわけです。また、ＧＨＱ案では、国会は一院制であったのに対し、政府案では衆参二院制に修正されています。

国会の審議過程でさらに、一部が修正されたものの、現在の憲法は、ＧＨＱの草案をほぼ全面的に受け入れ、GHQの承認によりできあがったものであり、とても自主制定されたとは言いがたく、植民地憲法だといっても決して暴言ではありません。

日本国憲法は、当時の日本の国会である帝国議会で審議され、承認されるという手続きを踏んでおり、いかにも日本人が自主的につくり上げた憲法であるかのような体裁を取っています。しかし、これも単にアメリカ側の戦略でしかありません。アメリカ政府は、新憲法が制定される前に、GHQに対して再三にわたり、憲法が押しつけられたものであるという事実を日本国民には、おおい隠すように、また、日本国民が自分たちで自主的に定めたと錯覚するように、仕向けることを要求しています。

憲法はいうまでもなく、国の根幹を決する大事な取り決めです。日本という国がどのような方針で今後、国づくりを進めていくのか、国民の幸せをどう達成していくのか……われわれ日本人が今一度、みずからの手で憲法をつくりなおさなければ、真の意味での独立はありえません。国の憲法に他国が介入すること自体、重大な違反です。違法な憲法を守り続けるのは、どう考えても筋が通っていません。

現在の憲法を一度破棄した後、充分な議論の結果、現在の憲法と寸分違《たが》わぬ条文ができあがった(そんなことはありえないでしょうが……)となれば、日本国民の総意が反映した憲法なので、それはそれでけっこうです。ともあれ、占領軍憲法をまず破棄し、自分たちの手によって自分たちの憲法をあらためてつくるべきなのです。今までの憲法論議には、もっとも重要で基本的なこの問題点がスッポリと抜け落ちていました。

占領軍憲法を後生大事に遵守《じゅんしゅ》している日本に対する海外の見方も手厳しいものがあります。たとえば、中国はホンネでは、日本をアメリカの属国と考えており、独立国とは見なしていません。

来日した中国の故・鄧小平氏が、帰国した後、日本の印象について側近に次のような感想をもらしたと聞きました。

「日本という国はすばらしい国だ。最新技術で新幹線をつくったかと思うと、京都、奈良のように伝統文化を見事に残した都市もある。日本はアジアになくてはならない国だ。しかし、あの憲法は何だ……」

鄧小平氏が日本の憲法を嘲笑《ちょうしょう》したのも無理はありません。憲法を自分の手でつくっていない日本は、建国を自分たちで行っていないことになります。それゆえ、日本人は国家意識が希薄で、国がどうあるべきかの指針も持ち得ていません。なのに独立国だ、民主主義国家だという。自分たちで憲法をつくらない限り、民主主義国家、独立国家を標榜《ひょうぼう》する資格があるはずがないにもかかわらず、日本人はそれに気づいていないのですから、海外から見れば、愚かな民族に映るのです。

戦後しばらくは日本人は正気を保っていた

では、いつから日本人はこんな簡単な道理もわからなくなったのでしょうか。

「戦後できた日本国憲法は、占領軍憲法で改正しなければならない」との思いは、実は制定前後に日本の指導者の多くが感じていたことであり、マスコミも憲法改正をみな唱えていました。

たとえば、幣原内閣の厚生大臣で後に首相となった芦田均は、GHQから押しつけられた憲法改正政府草案が国会で承認された時の模様を日記に記しています。これによると幣原首相は、国民の大多数が「深く心中われわれの態度に対して憤激を抱くに違いない」と述べ、この発言を聞いた閣僚たちの中には涙をふく者が多かったといいます。

マスコミにしても、一貫して改憲を主張している読売新聞や産経新聞のみならず、今では頑固な護憲主義で知られる朝日新聞さえ改憲を主張していました。昭和二十一年十一月三日、憲法が公布された日の翌朝の朝日新聞の社説は、改憲をはっきり是認しています。

「憲法は、国家の基本法であるから、しばしば改正することは、もとより望ましいことではないが、人民の福祉のために存在する法律である以上、恒《つね》に生命のあるものとしておかねばならない。（中略）慎重は要するが、憲法改正については、国民として不断の注意を怠《おこた》らないよう心がけるべきである」

昭和二十七年の憲法記念日には、この五日前に対日講和条約が発効しており、日本はすでに独立を回復していました。この日の社説はこう主張しています。

「今日はまさにその五周年にあたる。再軍備の問題をきっかけとして、いま憲法を改正すべきか否かについて、各人各説の議論が行われている。一つの国家が一つの憲法をもって、これを永遠につらぬくことはできないであろう。（中略）いかにも情勢の変化には対応しなければならぬ。しかし、果たしてその変化が、憲法を改めなければならぬほどのものか、改めるに値するものかを、いまだに見きわめるにいたっていない。改めざるをえないことになるとしても、憲法を守る努力がなされて、その上で改めるのと、ずるずるふんぎりもなく改めるのとでは、改正の意義を生かす上に格段の差がある」

翌年の論調もほとんど変化がありません。

「われわれはあくまでもこの民主憲法を擁護していかねばならないが、それは各条項の一字一句を、そのまま永久に踏襲《とうしゅう》していかねばならないということではない。しかし、改正意見を軽々に提出する前に、もう一度、新憲法をよく読み返す必要があるのではあるまいか。すみずみまで再読して、これをはらのなかで十分にこなして、われわれの血とし肉とした上で、改正すべき点があれば改正点を考えて見るのがよかろう」

改憲を唱えていたのは朝日新聞だけではありません。社会党や共産党でさえ、改憲派でした。

社会党が左右に分裂していた昭和二十五年当時、社会党左派の「綱領」には、「社会主義の原則にしたがって憲法を改正」と明記されていたし、統一後の昭和三十八年五月三日付けの社会新報には「現行憲法を越えて社会主義の憲法をかちとる」と記されています。

共産党にしても、昭和四十九年五月二日の時点でも「将来、社会の進歩とともに憲法の進歩的改正を必要とする発展段階を迎える」という声明を出していたように、戦後ずっと憲法の改正の必要を唱えていました。

かように、終戦後しばらくは、日本のマスコミも世論も指導者も、今では「護憲勢力」と呼ばれる連中でさえ、みな冷静に自分たちが置かれている状況を見つめる目を持っており、正しい認識を持ち得ていました。正論が通る健全な社会でした。

千載一遇の好機を逃した二流政治家・吉田茂

しかし、ここでボタンを掛け違えた政治家がいました。吉田茂元首相です。吉田茂は、戦後の名宰相などといわれていますが、これは正しい評価とはいえません。私は、二流、三流の政治家だと思っています。なぜなら、その場しのぎの対米追従政策に終始し、憲法改正の好機を逃してしまったからです。

昭和二十一年四月二十日幣原内閣が総辞職した後、次の首相になるはずだった自由党（現自民党）の総裁・鳩山一郎が公職追放でその座につくことができなかったため、同年五月二十二日に誕生したのが第一次吉田内閣（自由党）でした。当時は、ちょうど憲法改正の審議の時期にあたり、吉田首相のもとで、百日審議が行われました。

この時の吉田首相の見解もまさに場当たり的です。その後も論議の的となる憲法第九条第二項に関して、吉田首相は国会で「一切の軍備と国の交戦権を認めない結果、自衛権の発動としての戦争も、また交戦権も放棄したものです」と答弁しました。これに対して、共産党の野坂参三議員が、「独立国として自衛権を持つのは当然だから、戦争一般ではなく、『侵略戦争』の放棄とするほうが的確ではないか」とただしていま す。当時は共産党すら、自衛のための戦力は必要だと考えていたのです。しかし、吉田首相は「国家正当防衛権を認めること自体が戦争を誘発する原因となり有害無益」とめちゃくちゃな答弁で否定しています。正当防衛を認めないとすれば、蹂躙《じゅうりん》されるがまま座して侵略されろとでもいうのでしょうか。

第一次吉田内閣は、約一年後に倒れ、再び吉田茂が首相の座につくのは、昭和二十三年十月です。以後、第二次、第三次と吉田内閣時代が続くのですが、この間、昭和二十六年九月、サンフランシスコ講和会議が開催され、対日講和条約の締結がなりま す。対日講和条約は翌年の四月から発効し、日本は独立を回復しました。この功績をもって、吉田首相は戦後の名宰相などとたたえられています。しかし、吉田首相が結んだのは、独立回復のための講和条約ではなく、むしろ日本の属国化を意味する条約です。

対日講和条約は、日米安保条約とセットで締結されたからです。国家の安全の確保を他国にゆだねるという対米依存体制がこの時できあがってしまいました。自分の国を守る決意なくして、国家は存在しません。裏を返せば、ある国が独立を奪う目的をもって保護条約を結ぶ時には、必ず国防権を剥奪《はくだつ》します。

アメリカは、そのことをよく知っていて、憲法第九条を盛り込んだのです。事実、アメリカはフィリピンに独立を約した時も、日本の憲法第九条と同様の項目を入れさせました。すなわち、フィリピンにも日本にも植民地としての憲法を強要したわけです。日米安保条約をセットとする対日講和条約は、いってみれば、そのことの確認です。

外交評論家の加瀬英明さんは、そもそも日米安保条約とワンセットをなす対日講和条約は、日本国憲法と表裏一体のものだったと分析しています。

加瀬さんによると、アメリカが対日平和条約案の検討に入ったのは、日本が降伏する少し前だったそうです。国務省のなかにそのための作業班が設けられ、ヒュー・ボートン課長が責任者に任じられました。ボートンは、その後、コロンビア大学の教授になり、すでに亡くなっていますが、加瀬さんは、生前のボートン氏に何度かインタビューし、当時の案について詳細に聞いたといいます。

その結果、判明したのは、昭和二十二年にまとめられた第一次案は、日本にとってきわめて過酷な内容だったという事実でした。軍需産業は一切持ってはならない、戦略物資の貯蔵はおろか軍事目的を持つ研究はすべて禁止、もちろん、原子力も平和利用を含めた研究が禁止、民間機を含めて航空機も一機たりとも保有を認めず、公職追放も一定以上の水準の者に対しては講和後ずっと続くというものです。

それどころか日本人は信用できないので、講和条約締結後に、十一カ国から構成される極東委員会を国際監視団として置き、二十五年間にわたって監視委員を全国各地に駐在させ、講和条約を遵守《じゅんしゅ》しているか監視するという案が盛り込まれていました。

終戦の翌年に公布された日本国憲法は、この第一次案を下敷きにしたもので、日本国憲法は、憲法の形をとった不平等条約だというのです。マッカーサーの指示により、日本国憲法に非武装化、国防権の放棄が含まれた理由も、これでわかります。

この事実を見ても、日本国憲法は早急に改正されなければなりませんが、昭和二十六年に調印されたサンフランシスコ講和条約は、ボートンの作成した第一次案ほどは過酷な内容になりませんでした。この背景にあったのは、米ソによる冷戦構造のスタートです。社会主義陣営と自由主義陣営の反目が高まり、昭和二十五年六月二十五日に朝鮮戦争が勃発するにおよんで日本は防共上アメリカにとって重要な存在になりました。終戦直後はまだ敵国として扱うべき存在でしたが、同盟国とする必要に迫られたのです。

その結果、朝鮮戦争勃発十日後には、マッカーサー元帥の命令により急遽《きゅうきょ》、七万五千人の警察予備隊が創設され、サンフランシスコ講和条約は寛大なものになったのです。

もっとも、アメリカは、日本を完全な独立国として認めたわけではありません。日米安保条約で軍事保護を与えることによって、軍備拡大の自由と独立国への道を封じました。

日米安保条約はアメリカが相手国に対して一方的に軍事保護を与えることを約した唯一の条約です。韓国と結んだ米韓共同防衛条約も、フィリピンとの米比共同防衛条約も、米国本土が第三国から攻撃を受けた場合、アメリカを救援するために、アメリカ側に立って戦うと定めています。

わずか人口四十万人のルクセンブルグ公国でさえ、北大西洋条約を通じて、アメリカとは対等な条約を結んでいます。日米安保条約だけが「一方的な保護を受けるが、相手国の防衛は請け負う義務はない」という対等ではない内容となっているのです。

また、日米安保条約は、吉田首相が発案した形をとっており、日本がお願いして日本とその周辺にアメリカ軍の駐留を認めるという体裁となっており、期限も決められていませんでした。

吉田首相は、講和条約の締結で形式上、独立の格好だけは整えましたが、アメリカに防衛を全面的に依存したため、真の独立はますます遠のきました。吉田首相の選択が戦後の禍根を生み、日本人の精神を崩壊させはじめたといっても過言ではありません。

一国の指導者たる者、五十年、百年先を見通す力を持たなければなりません。自分の選択によって、どのように国が針路を取り、どのような国家となるのか。将来の理想に向かって何をなし得たかによって、国の指導者の真価が問われます、もし、吉田元首相が世評どおり名宰相で歴史の洞察力を備えていたとしたら、目指すべき国家観をはっきりと打ち出し、安易に独立の体裁を整えるだけといった愚かな選択は行わなかったはずです。

当時はまだGHQを通してアメリカの抑圧が強かった時代です。対米追従外交もやむをえなかったという見方もあるでしょう。しかし、対日講和条約によって独立を回復したのならば、憲法改正をこころみるべきでした。世論の後押しもあったのですから、サンフランシスコ講和条約に調印して帰国した時、すぐにでも国民に日本国憲法の是非を問うて、政治生命を賭して改憲に取り組むべきでした。

一九四九年（昭和二十四年）十月には毛沢東の中華人民共和国が成立し、朝鮮戦争の勃発で、三十八度線をはさんで北朝鮮と韓国が睨《にら》み合い、朝鮮半島の緊張が高まっていた時代です。当時は、アメリカ政府にも日本の憲法改正を黙認する空気がありました。昭和二十二年、憲法を公布した当時、日本の武装化を完全に封じてしまったのは、アメリカの見通しの甘さでもあります。東西の冷戦が激化するにつれ、日本国憲法は、ある面では合わなくなっていたはずです。事実、条約締結前の昭和二十六年一月にダレス米講和特使が来日し、吉田首相に日本の再軍備を要求していますし、マッカーサー元帥も、極東の安全保障に日本はもっと寄与すべきだという考え方を示していました。

ところが、吉田首相は軍事的・外交的にアメリカに従属する道を選び、日本が真に独立国として再出発する千載一遇《せんざいいちぐう》の好機を逃します。独立国でない日本をつくった張本人は吉田首相です。このような政治家を戦後の名宰相だと誰が評価できるでしょうか。

「自主憲法制定」を党是に盛り込んだ健全保守陣営

吉田首相の路線は以後、「吉田ドクトリン」と呼ばれ、戦後の政治、外交、行政、司法路線として受けつがれていきます、わかりやすくいえば、防衛をアメリカに依存し、負担を軽減することによって経済的に復活を目指そうという路線です。これはひとつの戦後の選択肢であったことに違いはありません。

戦後の食糧不足は、みなさんが学校で習ったようにとても深刻で、主食の米は配給制でひとり一日二合一勺《しゃく》に制限されていました。それもまともに配給されることのほうが少なく、遅配、欠配は当たり前で、あちらこちらに闇市が立ち並んでいました。法外な値の闇市の食糧に手が出ない人々は、農村に買い出しに出かけ、着物などと食糧を交換する「タケノコ生活」を余儀なくされていました。違法な闇市の食糧は一切口にしないと宣言した清廉潔白《せいれんけっぱく》な裁判官が、栄養失調で亡くなったエピソードは、あまりにも有名です。戦災で住宅も圧倒的に不足していました。人々はバラックで雨露をしのぎ、路上には浮浪者や戦災孤児があふれ、餓死者が毎日出るという惨状です。

昭和二十一年五月のメーデーは「食糧メーデー」と呼ばれ、食糧を要求する労働者の抗議の声があちらこちらで上がりました。憲法が施行された昭和二十二年には、魚介類の自由販売も禁止され、パンや衣服まで配給制に切り替わりました。極端なもの不足により、物価は高騰、すさまじいインフレです。人々は、生きていくことが精一杯で、憲法などにまともに関心を寄せている余裕はありませんでした。

敗戦のショックで希望を失った日本人が自信を取り戻し、立ち直るためにも、何を置いても経済の復興が急務でした。

ノンフィクション作家である上坂冬子さんが、衆参両院において憲法調査会が設置されたことに寄せて、平成十二年二月二十三日付けの産経新聞に一文を寄せて、当時の思い出を振り返っています。

「男女平等も人権も要《い》らぬ、食べ物だけがほしいという時代であった。（中略）当時の社員食堂では昼飯に蒸したさつま芋が三つだけで、すまし汁がつくまでに二年ほどかかっただろうか。正直なところ憲法が公布になった日のことも、施行された日のことも私は覚えていない。やっと成人式を迎えた年頃の私には、せめて昼食の芋を三つから四つに増やしてもらえないものかということの方が重大事で、憲法など問題外であった。私だけでなく社内のサラリーマンたちもリストラ（当時は首切りといった）反対運動に夢中で憲法どころではなかったのである。ともあれ憲法は戦後のこういう時代に公布、施行されたことは間違いない。（中略）あのカンボジアだって、紛争が解決してから自力で新憲法を制定したというのに、日本は夕暮れになると有楽町のガード下でラク町のおトキさんをはじめ占領軍相手の〝慰安婦〟が客をひいていた時代に作成されたのである」

現行憲法は戦後、日本人が生きていくのがやっとの時代に、そのどさくさにまぎれてアメリカによってつくられたのでした。

吉田ドクトリンによって、日本が戦後の食糧危機を脱し、未曾有《みぞう》の経済成長へと進んだこともまた一方の事実です。経済一本に絞ったために、国民の力は経済にすべて結集され、この集中力が日本人の勤勉さや教育水準の高さとあいまって高度成長を実現したのです。

しかし、その代償はあまりにも大きかったといわねばなりません。経済最優先の路線が、日本人の正気を次第に奪っていったからです。前述したとおり、敗戦してもなお戦後しばらく日本人は国の行く末、自分たちの将来に思いをはせ、正論が社会の声となっていました。

ところが、高度経済成長の中、こうした声はかき消されていきます。われわれの先輩が憂慮していたのも、経済最優先で次第に精神を失っていく日本人の行く末でした。政界と財界は、一丸となって「経済立国」を実現すべく力を結集しました。しかし、これはやむをえない次善の選択であって、党人政治家、財界人有志など健全保守陣営には、もっとも肝心な問題を先送りにしなければならないことに対する言い知れぬ不安と焦燥感がありました。

健全保守陣営のこうした危機感が実を結ばせたのが、昭和三十年（一九五五年）自由民主党結成時の「自主憲法制定」の明記です。この年の十一月、自由党と民主党が合同し、自由民主党が結成され、いわゆる「五五年体制」ができあがりました。この時、合同の条件として、民主党が自由党に出したのが、憲法を改正して自主憲法を制定することを公約にかかげることでした。

サンフランシスコ講和条約が発効した昭和二十七年から保守合同がなる三十年までの三年間、保守陣営は民主党と自由党に分かれて、激しい論戦が続いていました。民主党を率いていたのは占領時代末期、公職追放を解除されて政界に復帰した鳩山一郎（現民主党・鳩山由紀夫氏の祖父）です。この勢力は、三木武吉、河野一郎ら党人派政治家によって構成されており、若き日の中曽根元総理も、鳩山陣営に属していました。

かたや自由党は、吉田茂を筆頭とする官僚政治家勢力で、後に総理となる池田勇人、佐藤栄作らが名を連ねていました。

鳩山陣営と吉田陣営、保守がまっぷたつに割れて、論戦を繰り広げたのは、日本の舵《かじ》取りをどうするかという根本的な政策です。党人派を中心とする鳩山陣営は、独立体制を一日も早くつくれという意見であり、一方の官僚政治家を中心とする吉田陣営は、占領的政治を延長して続けることが経済発展につながるという意見でした。

民主党の鳩山一郎、河野一郎、三木武吉らの党人政治家たちは、対日講和条約の締結を機にぜひとも憲法の改正を実現したい。社会党も共産党も、当時は憲法の改正を前面にかかげていたので、なおさらジリジリとした思いがつのります。しかし、吉田茂率いる官僚政治家たちは、対米追従政策に終始して、これをガンとして許さなかった。まさに吉田茂元首相は、アメリカという「虎の威を借る狐」でした。

中曽根元総理は、当時をこう回想しています。

「私は鳩山陣営に属していたが、あの頃は多くの政治家が私利私欲を離れて日本の未来をどうするかを真剣に論じていたように思う。（中略）吉田首相が国会答弁の際、『バカヤロー』と言ったことに端を発した『バカヤロー解散』など、いろいろな事件もあったが、言論の攻防は秘術を尽くしてやり、明治以来の日本の立憲政治史上燦然《さんぜん》たる一時代を築いた。日本の政治学者や世人はこの意義をいまだ自覚していないと思う。五五年体制はこの所産であったのである」(中曽根康弘『日本人に言っておきたいこと』PHP研究所刊)

こうしたなか、吉田政治を苦々しく感じていた財界の要請もあって、保守の大同団結は実現します。そして、独立体制の構築を願う、党人派政治家たちによって、自民党の党是《とうぜ》に「自主憲法制定」が謳《うた》われることになったのです。

その後の流れを振り返ってみると、自民党の党是に明確に「自主憲法制定」が盛り込まれたことは、非常に大きな意義を持っています。なぜなら、この時、自民党党是への自主憲法制定が明記されなければ、日本人は、現行憲法が占領軍憲法であることを忘れ、半永久的に憲法改正のチャンスを逸したやも知れないからです。

高度経済成長時代突入で圧殺された改憲派

旧民主党の党人派政治家たちは、保守合同がなった後も、独立体制の確立に向けて着々と布石を打ちます。

保守合同によって誕生した自民党の初代総裁の座につき、首班指名された鳩山一郎が最初に取りかかったのが、「小選挙区制」（ハトマンダーと呼ばれた）の導入です。鳩山内閣の狙いは、憲法を改正し、自衛隊を明確に軍隊として認めさせようとのことでした。小選挙区制の導入によって、自民党の議席を一気に増やし、宙ぶらりんになっている自衛隊を日本の国防軍として正式に認知させようと考えたのです。しかし、鳩山内閣の提出した小選挙区法案は、党内の合意が得られず、参議院で廃案になってしまいます。

そこで、昭和三十一年六月、鳩山内閣は「憲法調査会設置法」を国会に提出し、社会党などの猛反対を押し切り成立させ、内閣に憲法調査会が設置されます。ところが、社会党が委員の推薦を拒み、三十八人の委員によって実質審議がはじまったのでさえ、約一年後の昭和三十二年八月からでした。

最初の四年間は、現行憲法の制定過程と運用についての調査に費やされ、制定の中心メンバーであった金森徳次郎や吉田茂、ＧＨＱの民政局長ホイットニーらが事情聴取を受けています。その後、昭和三十八年になって、やっと四つの分科会に分かれて改憲論議がはじまり、報告書による答申が発表されたのは、約二年後の昭和三十八年五月です。この間、二度にわたり欧米へ調査団が派遣され、五十五回の公聴会が開かれて、国民の声を聞く努力も行われました。

答申の結論を一言でいうと、「改憲の必要あり」です。三十八人の委員のうち三十一人が全面改正ないしは、積極的な改正を唱えていました。ところが、この頃になると政界では、吉田学校の官僚政治家たちが力を持つようになっていました。

昭和三十五年七月、池田勇人内閣が成立、三十九年十一月に池田と並ぶ吉田茂の秘蔵っ子、佐藤栄作にバトンタッチするまで政権をとります。池田勇人もそれに続いた佐藤栄作も、憲法調査会の答申を逆利用し、改憲運動を断念する方向へと舵を向けたのです。

この間、保守合同の条件として旧民主党が要求した自主憲法制定を受けて、自民党内にも憲法問題を検討するための憲法調査会が設置されました。しかし、官僚政治家が実権を握り、経済繁栄が現実となるにつれ、党内での憲法論議も下火になっていきます。そのうちにも、戦後教育にどっぷり浸った新しい世代がどんどん増え、社会の中枢を占めるようになり、ますます健全な考え方は陰が薄くなっていき、やがて憲法改正はおろか憲法を論じるのでさえタブーという風潮が生まれてきました。

新聞が社会の鏡だとすれば、朝日新聞の変節ぶりがいい例です。前年まで改憲を唱えていた朝日新聞は、昭和二十九年になると、一転して憲法擁護の立場をはじめて強く打ち出します。

「保守陣営から憲法改正論が公然と提唱されているのに対応して、革新陣営からは憲法擁護の叫びがあげられている。この渦中《かちゅう》に立って、大多数の国民は、憲法は真に守るに値するものか、どうか戸惑っている、というのが、偽らぬ現状であろう」と観察した上で、「しかし、われわれは、今日の情勢下においても憲法改正、再軍備の方向に突走ることを非とするものである」と立場を明らかにします。だが、当時はまだ朝日新聞も護憲か改憲かで揺れ動いていました。

憲法公布八周年にあたる翌昭和三十年十一月三日の社説は、まだ冷静さを保った論調です。

「憲法改正論と擁護論との論争は、もっぱら再軍備問題に集中されている感があるが、論点はこれに尽きるものではない。憲法の各条文にわたって子細に検討を加えれば、その個々の内容において、手を加えるべき余地の存するものがあることは、あながち否定できないのである。憲法改正論が結局、全面的な改正論となり、それはとりもなおさず新憲法の制定を目指すことになるのも当然の道程であろう。(中略)最近各方面からの文献によって、憲法制定の過程が次第に明らかにされつつあるが、それが『占領憲法』の形態をとった事実は、確かにこれを認めざるをえない」と述べ、「これを改正するも、擁護するも、一人一人の国民の決意如何《いかん》にかかわることなのである」と結んでいます。

しかし、敗戦が遠のきアメリカの軍事保護にすっかり馴染《なじ》むに従って、国家意識が希薄になり、護憲主義が力を増すようになってくると、次第に朝日新聞は病的ともいえる憲法擁護主義に傾いていきます。その論調は一言でいえば、「いつか来た道を再び歩むのか」「戦前の侵略国家に戻っていいのか」です。憲法公布五十周年の平成九年十一月三日翌朝の社説が、現在の朝日新聞の視点を象徴しています。社説は、「『もう』ではなく『まだ』憲法公布五十周年」の見出しではじまっています。

「第二次大戦後、民主主義国家同士は、戦争をほとんどしてこなかった。また、これからも、その可能性は少ないだろう。民主主義と人権尊重が働いている国では、戦争はコストが大きすぎるのだ。平和的解決がもっとも合理的なのだ。逆を考えるとわかりやすい。戦争遂行のための国家は、まず、少数者が権力と情報を握る、言論の自由は困る。人権無視……。つまり、まさに先の大戦で私たちが経験したことである」

憲法改正によって、日本がすぐさま侵略国家に逆戻りするかのような論調です。現在の日本が侵略国家に逆戻りして、戦争をはじめるなどという愚挙を行うわけがありません。非現実的な論理を振りかざしてもなお、憲法擁護を主張し続ける朝日新聞の意図が私にはわかりません。

朝日新聞の憲法改正問題に対する公布当時から現在にいたる視点の変化には、日本が今抱えるさまざまな問題が含まれています。まず、指摘しておかなければならないのは、朝日新聞の歴史認識の誤りです。戦前の日本を侵略国家と定義していること自体、東京裁判史観を何の批判もなく受け入れているわけで、このような認識の朝日新聞が日本のオピニオン・リーダーを自認しているのは、日本人にとって危険とさえいえます。

戦時中、マスコミが報じた偽りの大本営発表を日本国民は信じ込まされ、破局へと進んでいきました。これと同じ過ちを朝日は、また犯しているといっても過言ではないからです。いつか来た道をたどらせようとしているのは朝日新聞です。

また、朝日新聞の変節は、時がへるに従い、東京裁判史観が浸透し、日本人は次第に洗脳されていったことを現しています。朝日新聞だけでなく、マスコミの多くが戦後のアメリカのプロパガンダに毒され、左翼思想に染まり、正しい筋道を見失って、ただ護憲を叫んでいさえすればいいのだという錯覚におちいっていきました。

これがまた、国民の世論を形成し、ますますマスコミは迎合主義から逃げ出られなくなっていきます。いってみれば、日本は自家撞着《どうちゃく》的なアリ地獄から抜け出せなくなり、現行憲法は不可侵のものだという考え方がさも当然のように幅をきかした結果、改憲というとアレルギー的に反発するという風潮ができあがったのでした。

上坂冬子さんが、当時のかたくなな憲法改正アレルギーを物語るエピソードを産経新聞に書いています。

平成四年、上坂さんは、新潟市から「憲法記念市民の集い」の講演を依頼されたといいます。「当時の状況として、講演のテーマを憲法にすれば堅苦しすぎて市民は集まりにくくなるだろう」と考えた上坂さんは、市側との協議の上、内容は憲法とは関わりのない教養講座ということにしたそうです。

ところが、新潟市の市議会の一部から講師・上坂冬子にクレームが入ったといいます。その年、上坂さんが、『中央公論』に「憲法はいまのままでいいと思うかどうか国民に問いかけてはどうか」と書いたのが、一部の市議の逆鱗《げきりん》にふれたらしく、社会党新潟支部執行委員長および社会党市民連合議員団団長の名で、市長宛に改憲論者など呼ぶなという申し入れが提出されたのです。

このように、たった八年前には、改憲の可能性を口にするだけで、猛反発する人々がたくさんいました。

左翼思想主導の国民の空気を反映して、政治の世界でも憲法論議の灯《ともしび》はまさに消えなんとしていました。昭和三十一年暮れに第三次鳩山内閣が退陣して、石橋湛山、岸信介、池田勇人、佐藤栄作、田中角栄が政権を担当、さらに三木武夫、福田赳夫、大平正芳、鈴木善幸、中曽根康弘が次々と総理の座につき、竹下登政権下で平成の世を迎えます。

この間、憲法改正は護憲派に完全に圧殺された形となり、内閣が組閣された際などには、首相が「憲法改正は考えていない」と宣言するのが半ば慣例化してしまうほど、憲法についてはふれるべきものではないという考え方が定着してしまいました。自主憲法制定を信念とする中曽根元総理でさえ、「現役総理の時は、とても憲法改正などいい出せる雰囲気ではなかった」と振り返っています。

外交評論家の加瀬さんは、終戦直後はまだ正気を保っていた日本人が、昭和三十年代になって、次第におかしくなっていった現象を「平和ボケ」ではなく「保護ボケ」と表現しています。戦後もずっと日本は平和ではなかった。日本の周辺では、朝鮮戦争が起こり、三十八度線をはさんで、いまだに北朝鮮と韓国が一触即発の危機にありますし、中国と台湾も海峡をはさみ、緊張関係が続いています。日本の周辺には一触即発の危機がずっとあったにもかかわらず、蚊帳《かや》の外で、ひとり平和をむさぼり続けられたのは、アメリカの軍事的保護にすべてをゆだねていたからです。だから「保護ボケなのだ」というのが加瀬さんの主張です。

中曽根康弘と渡邉恒雄の合作で、憲法論議に火を灯す

しかし、そんな逆風の中でも、健全保守陣営は、自主憲法制定の悲願を忘れはしませんでした。封じ込められた憲法論議を復活させる契機をつくったのは、読売新聞が平成六年十一月三日に紙面を大きく割いて、発表した「憲法改正試案」です。

さらりとその内容を紹介しておきましょう。

前文は、「最高法規」と「国民の憲法遵守《じゅんしゅ》義務」の二つを謳《うた》う簡潔なものです。

第一章は三条からなる「国民主権」とし、代議制度の原則「代表者を通じて行動する」と記しています。第二章の「天皇」規定は現行憲法とほぼ同じ。

大幅に手を加えているのは、第三章にあらたに設けた二条からなる「安全保障」です。現行憲法の第九条にあった「戦力の不保持」と「国の交戦権の放棄」を削除した

かわり、ここで「非人道的な無差別大量殺傷兵器の禁止」と「平和と独立を守りその安全を保つため、自衛のための組織を持つことができる」と明記しています。しかし、徴兵制の導入は「国民は、自衛のための組織に、参加を強要されない」と否定しています。「非人道的な無差別大量殺傷兵器」は暗に核兵器のことを指しているのでしょう。

第四章は「国際協力」で三条からなり、「日本国は、地球上から軍事紛争、特定地域での経済的および地域的な無秩序によって生じる人類の災禍《さいか》が除去されることを希求する」と日本の針路に関する理念を高々とかかげ、「国際活動への参加と国際法規の遵守《じゅんしゅ》」を謳《うた》っています。

第五章は国民の権利および義務で、プライバシーの保護、環境権についても記されています。

第六章から第八章に関しては、立法、司法、行政の三権分立に関する項目です。この中で、新しく加わった項目としては、「憲法裁判所」の新設があります。違憲かどうかの審議は、すべてここで行われることになります。

第九章は「財政」で、「国は健全な財政の維持及び運営に努めなければならない」としています。

第十章は「地方自治」。現行憲法では明確にされていなかった地方自治体の権限を、「地域住民と地方公共団体の自治権」とはっきり表現しています。

最後の第十一章の「改正」についての項目も読売試案ならではです。現行憲法の欠点のひとつは、後述するように、改正しようにも、事実上できない条件が付されている点です。そこで読売試案では、現行の「各議院の総議員の三分の二以上の賛成がなければ発議できない」という条項を、「在席議員の三分の二以上の出席で、三分の二以上の賛成でよい」とゆるやかな形に改めています。

読売試案では現行憲法にない環境権などが盛り込まれており、試案としては論議の対象になりうる内容となっています。事実、この読売試案は、国の内外に大きな反響を呼びました。欧米やアジア諸国などの新聞にも掲載され、これをきっかけに国内でも論憲ムードが再び高まります。

実は、この読売新聞試案は、ふたりの人物の合作によって実現しました。ひとりは中曽根康弘元総理、もうひとりは読売新聞社長の渡邉恒雄さんです。

中曽根元総理は早くから憲法改正の必要性を叫んでおり、昭和二十年代後半から憲法改正による「首相公選論」の必要性を唱えていました。私もその運動に参画していたので、よく覚えています。

中曽根元総理が首相公選に関してはじめて発言したのは、自著『日本人に言っておきたいこと』によると、昭和二十八年、ハーバード大学で開催された国際夏期ゼミナールの席上、アジア代表として演説した時だったといいます。昭和三十一年、憲法調査会ができると、委員として活躍した中曽根元総理は、最終報告の中で首相公選制を提唱しました。「それ以降、首相公選制を念頭に置いて政治を行ってきた」と自著の中で述べています。

首相公選制は、わかりやすくいえば、国民の直接投票による大統領制に似た制度を導入し、大統領的首相を誕生させようというシステムで、憲法改正の大きなテーマのひとつになっています。なぜ、中曽根元総理がこれにこだわったのかといえば、現在の議院内閣制では、派閥政治になりやすく、政争に議員がうつつをぬかし、政局が不安定になり、政治への国民の信頼が失われかねないだけでなく、独裁者が出現しかねないといった側面があるからです。中曽根元総理の首相公選論は、戦後政治の病巣摘出という大手術にもつながるのですが、それは後でふれるとして、現行憲法が日本の禍根《かこん》であることをもっとも痛感している政治家のひとりが中曽根元総理でした。

憲法改正を行い、社会を健全な路線に戻したいと考えるのは、渡邉さんも一緒でした。中曽根元総理と渡邉さんは、四十五年来の同憂同志の間柄で、この二人が相談してつくりあげたのが、読売新聞の憲法改正試案です。この試案には、個人的な友情を超える、日本国への熱い思いがありました。憲法改正論議の火がこのまま消えてしまえば、日本の国の軸足が正される機会のないまま、二十一世紀を迎えなければなりません。そうなれば、日本という国の存在さえ、危なくなる。一刻も早く憲法論議を復活させなければ、日本の将来はないという思いです。

渡邉さんは、当時、読売試案を世に問うた理由としてこう書き残しています。

「占領下の習性、その後の社共護憲左派勢力による自衛隊や国家・国旗等の私生児扱いなどにみられた反体制運動と反米親ソ路線等の影響下で、政界、マスコミ界を通じて『違憲だ』と言えば、万事思考停止になってしまうという憲法タブー社会が半世紀も続いて来た。もはや時代錯誤的なタブーに挑戦し、繁栄の孤島に安住する知的怠惰《たいだ》を克服すべき時に来ていると思う」

「現今の世界は、保守勢力が与野党に分裂した結果、左翼護憲派がキャスティングボードを握っている。ために保守勢力は改憲といえば護憲左翼を敵に回し、与党は政権を失い、野党は政権から遠ざかることになる。そのため、左翼護憲派におもねって『改憲』を口に出せない。多くの政治家が憲法論議を回避し、思考停止におちいる理由がそこにある」（『Ｔｈｉｓ　ｉｓ　読売』九四年十一月）

中曽根元総理と渡邉さんの合作による読売試案は、自民党内の改憲を主張する人々を勇気づけました。読売試案が発表される三年前、海部俊樹内閣の時に、中東で湾岸戦争が勃発します。これを契機に、ＰＫＯ（国連平和維持活動）・ＰＫＦ（平和維持軍）活動など国際貢献に現行憲法が障害となるという問題点が露呈し、憲法改正が再び俎上《そじょう》に上がってきました。

平成四年には、自民党から飛び出た細川元首相が結成した日本新党が、「政策大綱」に憲法改正が必要だと考えられる条項として、国連平和維持活動への積極的参加の明文化、国際協調の精神の強調、立法府の主体性確立と内閣のリーダーシップなどをかかげました。また自民党内部でも、昭和五十七年夏「日本国憲法改正要綱」の中間報告を出して以来、審議を中断していた党憲法調査会が、平成五年二月より久方ぶりに討議を開始していました。こうした憲法論議への芽を読売試案は一気に大きな潮流にしたのです。

両院に憲法調査会、正式発足

読売試案の発表をきっかけに、憲法改正は具体的な政治課題として浮かび上がってきます。その結果、世論の関心も高まり、国民の意識は変化し、改憲へのムードが高まってきました。憲法改正五十周年にあたる平成七年、各社は一斉に憲法改正に対する国民の意識調査を実施しましたが、これによると改憲を望む声が明らかに高くなっていることがわかります。

たとえば、朝日新聞の意識調査でも、憲法改正が「必要」という回答は四六％で、「必要ない」の三九％を上回りました。最近のマスコミ各社の調査では、さらに改憲が必要だとする声は高まっており、七〇％を超える支持率を記録した調査もあります。

こうした追い風を受けて、いよいよ平成十二年一月二十日に招集された第百七十四回通常国会で衆参両院に憲法調査会が設置されました。昭和二十二年に憲法が施行されて五十三年、国会に憲法を議論する場が正式に置かれたのは何とはじめてのことです。平成十一年七月の国会法改正に基づき、衆参に設置された憲法調査会は衆院五十人、参院四十五人で構成され、衆院の会長には自民党の中山太郎さんが、参院の会長には自民党の村上正邦さんが就任しました。

衆院の調査会は、自民党の改憲派の大御所、中曽根元総理を筆頭に、小泉純一郎元厚相や田中真紀子元科技庁長官らの名前がずらり。対する野党側も、民主党の横路孝弘副代表や共産党の志位和夫書記局長、社民党の伊藤茂副党首ら大物が顔を並べています。参院の調査会も保守党の扇千景党首、民主党の江田五月氏らが決まり、与野党が護憲、改憲の論客をそろえ、腰を据えた論争に挑む布陣となりました。

委員のひとりであり、国会での憲法調査会の設置が悲願だった中曽根元総理は「三年ぐらい『論憲』して、四年目に各党が憲法試案を提出。五年目に国民投票法制定に入った後、三年ぐらいで完成させればいい」と、改憲の青写真を提示し、その上で「国民と一緒になってやることが大事で、公聴会をうんとやって調査会として全国行脚する必要がある」と述べています。中曽根元総理は、憲法調査会ができるはるか以前からその必要性を説いており、二年前に出版された自著『日本人に言っておきたいこと』でもこう記しています。

「もちろん、今回の新憲法は、マッカーサー司令部で一週間ほどの短時日のうちに、しかも憲法の専門家ではない司令部要員によって素案が書かれた日本国憲法策定の時のようであってはならない。読売改正試案のような各種試案が、権威ある学者や政治家、ジャーナリストの研究の下につくられ、全国民の前に提示され、検討されることが望ましい。

明治維新の時も早期に、板垣自由党案とか五日市憲法私案とか多くの試案や私案が提示され、自由民権運動の一環をなしていたのである。

このように各方面から提出された試案が、まず国会の常任委員会としての調査委員会で正式に審議されるべきである。憲法論争は常に学問を尊び、冷静に国民と時代とともに進んでいかなければならないのである。それが国家発展の基礎である。

そして、その国家審議の状況をうけ、内閣に憲法調査審議会を設置し、その結果により国会と内閣の調整を経て、憲法問題の解決に向けての正式手続きを進めるべきであろう。もちろん、その前に総選挙によって民意を問うことが必要であることは論をまたない」

いずれにせよ、ようやく憲法改正への道が開けたわけで、憲法問題を口にするだけで大騒ぎになっていた数年前とは隔世の感があります。真の独立国として日本が再出発するためにも、衆参両院の憲法調査会の役割は非常に重要です。私たち国民もしっかりと今後の動向を見守っていく必要があります。

今こそ国民が大同団結して憲法改正実現へ

ただし現実には、改憲は言うは易《やす》し、行うは難《かた》しです。事実上、改憲への道は閉ざされているに等しいからです。

占領軍が自分たちの意図したとおり、日本を改造するにあたって、東京裁判と並んで憲法を最重要視したのは、お話ししたとおりです。占領体制を維持し、自分たちの都合のいい政治体制を未来永劫《えいごう》続けるためには、その大本になる憲法に是が非でもアメリカの意向を反映させておかなければならないと考えたマッカーサー司令部は新憲法に巧妙なしかけをほどこすことを忘れませんでした。

やがて日本独立の日が来るのは、避けられません。そうなると、せっかくアメリカの意のままになった憲法が改正される恐れがあります。そこでアメリカは、新憲法の中に憲法改正が容易にできない条件を盛り込んでおいたのです。

日本国憲法では憲法改正にあたっては「各議員（国会議員）の総議員の三分の二以上の賛成で、国会が発議し、国民に提案してその承認を経なければならない。この承認には、特別の国民投票又は国会の定める選挙の際行われる投票において、その過半数を必要とする」（第九十六条）と定めています。この「国会議員の三分の二」がクセモノで、出席者や有効投票の三分の二ではなく、総議員数の三分の二なのです。

これが現実には不可能に近い数字だというのは、現実の政治の世界に照らし合わせてみれば、誰でも察しがつくはずです。保守合同がなり、憲法改正を目論んだ鳩山内閣が、小選挙区制案を通し、議席を一気に増やそうとしたのも、このような改憲を阻害する壁があったからです。

しかも、改正にあたっては、その上総選挙あるいは特別投票で日本国民の半数以上が賛成票を投じなければなりません。これまた至難の技です。アメリカは、このような厳しい条件で、事実上、憲法改正ができないようにしたのです。

まだあります。戦後できた日本国憲法は、戦前の大日本帝国憲法を改正したという形式をとっています。大日本帝国憲法と戦後の憲法は、基本的な考え方自体が根本から異なり、改正という表現とはまったくかけ離れています。しかし、あえて改正という形式にアメリカ側がこだわったのは、そこに深謀遠慮《しんぼうえんりょ》があったからです。

大日本帝国憲法の改正ならば、元には戻れません。統帥権を持った天皇の復活はあり得ないのです。ここで問題なのは、天皇の統帥権復活うんぬんではありません。古い憲法を改正するというういかにも合法的な措置を取ることによって、自分たちの無法を正当化し、かつ元の憲法に戻る道を封じ、アメリカ側の都合のいい憲法をずっと遵守《じゅんしゅ》させようという巧妙な策謀があったという事実なのです。

憲法改正には、このような大きな障害が存在しています。だからこそ、みずからの憲法を私たちが手にするためには、今こそ国民が大同団結し、憲法改正への世論、機運を盛り上げていく努力がいっそう重要になります。また、現在の憲法に手を加えるよりは、いっそうのこと一度破棄して、あらたにつくりなおすという方法も考えられます。破棄なら通常の法案と同様の手続きですむからです。

改憲は第三の建国の土台づくり、本筋を見失うな

憲法改正にあたって、今後の憲法調査会の動向を見守る上で、私たちが今一つ考え

なければならないことがあります。

　憲法改正論議というと、自衛隊は違憲かどうかという問題に象徴されるように、判で押したように個々の条文に関する解釈や改正案に終始します。しかし、その前に大事な視点が抜けています。憲法改正は、国の基軸、軸足をあらためて考えるいい機会です。国の基軸をどうするか、これが個々の条文がどうだという前に行われるべき議論です。日本という国をどんな国家にしていくのか、この基本的な論議なしに、憲法の条文をいじったところでしょせん借り物の憲法から脱し切れません。国家論、国家観がまず先にありきです。

　過去の憲法論議が不毛で、結局、憲法改正にまでいたらなかった大きな理由のひとつは、この基本的な議論が欠けていたからです。

　この点について、長谷川三千子埼玉大教授が実に明解に指摘しています。

「いまの憲法は古くなってしまったから新しい時代に合った憲法を、というキャッチフレーズで憲法改正をおっしゃる方がいますが、それは危険な言い方だと思うのです。……（中略）。国家という感覚が融解しかかっている時代だからこそ、それをあらためて理念としてきちんと打ち出すような憲法でなくてはならないと思いますね。安易に『時代に合った憲法』などというと、まさに国家というイメージそのものが融けかかった、その感覚をそのまま憲法にすればいいのだ、ということにもなりかねない。そういう意味で、むしろ思いきり原理原則に立ち返る必要があると思います」(月刊『Voice』平成十一年十月号)

長谷川さんは、明治憲法制定以前の明治維新という出発点に立ち返って、日本という国の基軸は何なのかという問い方をするのが、本当の意味での憲法論だといいます。われわれ日本人が現在直面している課題は、ある意味で、明治維新の時に日本が直面した課題と同じではないか。明治維新に学び、自分たちの国家の理念を損なわず、国際社会と調和できる二十一世紀の日本をつくるベースが憲法で、そのための論議をしなければならないというわけです。

中曽根元総理も同様の視点から、自著『日本人に言っておきたいこと』で次のように述べています。

「正しい憲法観は、正しい国家観の上に築かれる。国民主権にあっては国民は憲法を自《みずか》ら制定する権力をもつ。その憲法を機軸に、政治や経済、社会、文化生活は営《いとな》まれ、その憲法の枠組みにしたがって、外交・安全保障政策は展開される。

このような、国家運営の機軸に関する価値や方法論と国際論を論じた上に、憲法論は成立するものである。このことを真剣に行えば、おおよそ一国平和主義や一国繁栄主義のような利己的閉鎖的便宜主義が生まれる余地はなくなると思う」

憲法改正にあたっては、安易な憲法条文解釈論議に流されず、根本に立ち返って、私たちの国、日本を二十一世紀にどんな国家にしていきたいのか、どんな志を持つ国家にしていくのか、国民ひとりひとりが考えなければなりません。

近代日本の第一の建国が明治維新とするなら、第二の建国は終戦でした。しかし、第二の建国は不幸にも、アメリカ政府によって行われ、日本が日本であることを、日本人が日本人であることを忘れたまま、戦後五十五年がたちました。今、私たちは第三の建国のまっただ中にいます。日本が再生するためにも、第三の建国はぜひとも成功させなければならない。そのためには、何よりも憲法問題を通じて、今後の日本がどのような国であればいいのか、みなさんがそれぞれ国家観をみずからに問わなければなりません。とりわけ二十一世紀の日本をになう二十代、三十代の若い人たちには、憲法改正問題をきっかけに日本という国のあり方を真剣に考えていただけるよう願わずにはいられません。

アメリカ押しつけ憲法から脱却し、真の独立国として再出発する、という基本原則から見れば、憲法調査会の現在の動きでいくつか気になる点があります。戦後の改憲論議は、しばらくは、自民党勢力が主張したように、独立体制の確立を軸に進められてきました。

ところが、平成五年前後にあらたな改憲論が浮上してきます。先にふれた細川日本新党による「国際貢献などあらたな問題への対応」という新憲法改正論で、民主党が再びこの新憲法改正論の立場を表明しているのです。憲法調査会において、自民党が「憲法制定は戦後の歴史的経緯について共通認識を得て論調を進めることが望ましい」というスタンスを打ち出したのに対して、民主党は「制定過程の議論も行われて当然だが、あくまで二十一世紀を構想する立場から議論を」と主張しました。また、自民党の若手議員の中にも、このトレンドに同調する動きがあります。

しかし、これは単なる改憲ファッションでしかない。本筋はあくまでも、自主憲法の制定と日本の独立にあります。

米大使も認めた米国製憲法、死守をかかげる護憲派を追放せよ

それどころか、憲法調査会では、いまだに共産党や社民党がかたくなに護憲を主張

し、改正を阻止しようとしています。民主党も、議員の半分が護憲派です。与党の公明党ですら、一部には、護憲を唱える政治家がいる。これは由々しき一大事です。

平成十年九月八日付けの日経新聞朝刊に、看過できない重大な記事が掲載されました。前駐日米大使のマイク・マンスフィールドさんがみずからお書きになった、『私の履歴書』の次の一節です。

「(前略)マッカーサーは、日本から朝鮮半島に回した米軍の穴を埋めるため、吉田茂首相に七万五千人の警察予備隊の創設を命令したことだ。これがいまの自衛隊になるわけだが、マッカーサーは連合国軍総司令部(GHQ)が作った『米国製』の日本国憲法第九条を迂回《うかい》したともいえる。(中略)戦争放棄を定めた日本国憲法第九条は、マッカーサーの直接の指示を受けてGHQ民政局のチャールズ・ケーディス次長を中心に作った条項でどこからみても米国製だ。日本に戦争を放棄させ、安全保障を米国頼みにさせたのは米国である」と現行憲法が米国製であることを認め、「今後どうすべきかは、日本の国民と国会が判断すべき問題だ」と明言したのです。

マンスフィールドさんは、民主党の院内総務を務めた、アメリカの政治の中枢にいた政治家で、戦後、最大の大物駐日大使です。そのマンスフィールドさんがはっきりと、現行憲法は米国製だと明言し、この米国製憲法を改正するかどうかは、日本の国民と国会にゆだねられているると述べているのです。

なのに、共産党、社民党、半数の民主党議員、公明党の一部の議員は、何が何でも護憲だとかたくなに憲法改正を拒否しています。これはとりもなおさず、米国製憲法でいいのだと主張しているに等しい。日本がアメリカの属国でかまわないといっているのです。

こんな国民のことなど、まったく考えていない政党は即刻解散していただきたい、とすらいいたくなります。党優先で歴史認識を持たず、国民をなおざりにする政党や政治家は無用の長物どころか、日本の国の病原菌でしかありません。国賊と断言してもよい存在です。

マンスフィールドさんですら、アメリカ押しつけ憲法《せっけん》は改正すべきだと指摘しているのに、不毛な改正反対論議が両院の憲法調査会を席巻している。こんなバカな話があっていいものでしょうか。このあきれた状態を打ち破れるのは、私たち国民だけです。

第五章　日本人のよき伝統と精神を破壊した「戦後教育」

立ち上がった文化人、漫画家、学者グループ、評論家

今、日本の歴史、とくに現代史を見直そうという潮流が起こっています。この流れは、五年ほど前から大きなうねりとなりはじめ、現在、電気通信大学の西尾幹二さんの『国民の歴史』が大ベストセラーとなっているのは、ご存じのとおりです。戦後、ゆがめられた日本の歴史を正しく見直そうという動きは期せずして、さまざまな方面から起こってきました。漫画家の小林よしのりさんが、漫画『新・ゴーマニズム宣言』で戦争論を取り上げ、話題になったのもそのひとつですし、ジャーナリストの桜井よし子さんは、著作活動などを通じて戦後五十五年の膿《うみ》や現代史のウソを摘発し続けてきました。

一方、東大教授・藤岡信勝さんは平成七年、現在の日本史観に疑問を持つ学者、マスコミ人、ビジネスマンなどからなる自由主義史観研究会を組織し、あらたなる歴史観を世に問うています。各方面から立ち上がった有識者の発言や著作は大きな声とな

り、これまで自分たちが教えられてきた歴史に何の疑問も持たなかった一般大衆を目覚めさせました。

そして、平成八年十二月二日、西尾幹二さん、小林よしのりさん、藤岡信勝さんらの呼びかけによって発足したのが「新しい歴史教科書をつくる会」です。同会は、戦後、ゆがめられた日本の歴史を正し、偏向した記述が多い教科書を捨て新しい日本人のための正史を掲載したまともな教科書をつくろうとの目的で設けられたもので、これに賛同する多くの文化人、マスコミ人、学者グループが参加、歴史の見なおしは一大潮流となりました。

「創設にあたっての声明」には同会の趣旨が次のように謳《うた》われています。

「歴史の問題は、先の大戦に敗れてから半世紀にわたり繰り返し論じられてきたにもかかわらず、そのゆがみが正されるどころか、近年ますます歪曲混迷《わいきょくこんめい》の度を深めている。

とりわけ、このたび検定を通過した七社の中学教科書の近現代史の記述は、日清・日露戦争まで単なるアジア侵略戦争として位置づけている。そればかりか、明治国家そのものを悪とし、日本の近現代史全体を、犯罪の歴史として断罪して筆を進めている。例えば、証拠不十分のまま『従軍慰安婦』の強制連行説をいっせいに採用したことも、こうした安易な自虐史観のたどりついた一つの帰結であろう。とめどなき自国史喪失に押し流されている国民の思想の崩壊の象徴的一例といわざるをえない。

いったいなぜこういうことになったか。日本人は戦後五十年間、世界を二分した米ソ二超大国の歴史観をあいまいに国内に共存させてきた。歴史教科書の記述はこの二つの混交のよい一例である。本来原理的に対立しながら、対日戦勝国として日本の歴史的過去を否定する二つの歴史観が戦後日本の知識人の頭の中では合体し、共存してきた。その結果として、日本自身の歴史意識を見失ったのである。

周知のとおり、冷戦終結後の東アジアの状況は予断を許さない。どこの国も独自の歴史像があり、それぞれ異なる歴史意識があり、他国との安易な歴史認識の共有などあり得ない。ことにナショナリズムを卒業しているわが国と今ちょうど初期ナショナリズムの爆発期を迎えている近隣アジア諸国とが歴史認識で相互に歩み寄るとしたら、わが国の屈服という結果をもたらすほかはないだろう。それは、先に述べた歴史喪失症状にさらに輪をかけ、病を重くするだけである。

われわれはここに戦後五十年間の発想を改め、『歴史とは何か?』の本業に立ち帰り、どの民族もが例外なく持っている自国の正史を回復すべく努力する必要を各界につよく訴えたい。われわれは日本の次世代に自信をもって伝えることのできる良識ある歴史教科書を作成し、提供することをめざすものである。心ある各界各層のご指導とご支援をお願いしたい」

この声明からもうかがえるように、正史を持たず、他国に振り回される日本人の歴史観、歪曲《わいきょく》された歴史教育がもたらす危機に、心ある学者や文化人、マスコミ人などが立ち上がったのです。裏を返せば、現在、歴史教育は、それほどにも荒廃し、日本人の魂を破壊し続けています。西尾さん、藤岡さんらの活動が投じた一石は重く、これと教科書問題というだけでなく、戦後の教育を振り返り、改革する大きな契機と見なければなりません。

中学校で使われている自虐教科書

事実、現在、中学校や高校で採用されている教科書は、真実が正しく記述されているとはとてもいいがたい自虐教科書ばかりです。

たとえば蘆溝橋事件から日支事変にいたるくだりです。今、多くの中学校で使われている「中学社会―歴史的分野」（日本書籍）では、二五三ページに「日中全面戦争―宣戦布告なき戦争」として、次のような記述がみられます。

「中国では、中国共産党と国民党政府のあいだに内戦がつづいていた。共産党は、毛沢東の指導のもとに1万2000kmあまりの長征ののち、根拠地の華南から華北のイエンアン（延安）に移り、蒋介石の国民党政府に対し、『内戦をやめて日本に抗戦しよう』とよびかけた。

日本は満州事変ののち、モンゴルや華北に勢力をのばしていた。1937年、日本軍はペキン（北京）郊外の盧溝橋付近で、夜間演習をきっかけに中国軍と戦いをおこした。こうして宣戦布告のないまま日中戦争がはじまった。

日本軍は華北に侵攻し、シャンハイ（上海）、ついで首都ナンキン（南京）を占領し、各地で多くの中国民衆の生命をうばい、その生活を破壊した。中国では国民党政府と共産党が、協力して日本軍と戦うことになり、抗日民族統一戦線がつくられた」

そして欄外注釈《らんがいちゅうしゃく》として、「夜間演習」に「演習中に銃声がし、兵士が一人いちじ行方不明になったことから、日本軍と中国軍の衝突がおこり、これをきっかけとして日本側は戦争の拡大をはかった」と、また「生命をうばい」に「日本軍は南京占領後から翌年2月半ばまでに、女性・子ども・捕虜をふくむ少なくとも15万人から20万人ともいわれる中国人を虐殺した（南京事件）。また日本軍は、共産ゲリラ勢力の強い華北の村々で、1940年ごろ『焼きつくし、殺しつくし、奪いつくす』三光作戦をおこない、民衆におそれられた。こうした事実を日本国民は知らされなかった」と書かれています。

おまけにゴチックで強調されている「日中戦争」の単語には、「口絵」があり、これがまた日本人がいかに中国民衆に対して酷《ひど》い仕打ちをしたかを視覚的に訴える写真で、日本兵が行軍していく道ばたに中国の民衆がひれ伏しています。写真の説明も、「日中戦争。中国北部を行く日本兵。中国の人々が土下座をさせられている」と「悪魔の民族」を想起させる内容です。

蘆溝橋事件の記述ひとつをとっても作為的です。注釈に「兵士が一人いちじ行方不明になったことから」とあり、いかにも日本の謀略があったように記述されていますが、真相は、当時の新聞を開けばわかります。この兵士が便所に行っている間に銃撃があり、怖くて身を潜《ひそ》めていただけです。ところが、教科書ではこの事実には、一言もふれず、いかようにも読める記述にとどめています。

南京事件に関しても、「少なくとも15万人から20万人ともいわれる中国人」というあいまいな表現を使っています。どこで誰がいつ南京大虐殺があったといったのか、一切ふれられていません。この歴史教科書は、まったく事実の検証を怠《おこた》っています。前述したとおり当時の南京市の人口は二十万人です。関東軍《かんとん》が、南京の市民を皆殺しにしたとでもいうのでしょうか。もし、そのような残虐な大事件が起こったとしたら、世界の新聞が伝えているはずです。ところが、当時の世界中の新聞のどこを見ても、この事件に関する報道はありません。しかも、南京大虐殺はねつ造だという多くの歴史学者の見解がある中で、一方的に南京事件＝二十万人の中国人虐殺とする。教科書を編集した学者たち、それを許す文部省の不見識には驚かされるばかりです。

日中戦争という呼び名もおかしい。日本が対米戦争をはじめるまで、蒋介石政権は日本に対して宣戦布告していないので、あれは戦争ではありません。当時、そうだったように日支事変と呼ぶのが適切です。

日本書籍のものだけがこのような扱いをしているわけではなく、どの教科書も似たり寄ったりで、日本の戦争はすべて侵略と明記し、判で押したように日本人を貶《おとし》める記述や口絵が掲載されています。中国側が反日宣伝の材料として、誇張した絵や数字を公表するのは、いわば常識です。それを何の検証もなく、安易に自国の教科書にのせてしまう。またこのような記述を容認している文部省は、どう考えても、反日日本人を育成しようと企んでいるとしか思えません。

ほとんどの検定教科書に出てくる「従軍慰安婦」の記述もとても容認できるものではありません。「従軍慰安婦」の強制連行については、平成五年八月の河野洋平官房長官の発言が根拠になっているのですが、多くの方がその事実はなかったと主張しています。また子供たちが勉強する教科書にのせるべき内容とも思えません。

これでは、子供たちが、自分たちのおじいさんたちをはじめとする日本民族は中国に侵略戦争を一方的にしかけた野蛮で残酷な民族で、日本人である自分たちにも危険な血が流れていると思い込み、「民族の誇り」を失っても仕方がありません。

ところが真実は、蘆溝橋事件は中国共産党軍の発砲がきっかけであり、国民党に対する毛沢東の戦略だったという見方が有力です。また、南京大虐殺や従軍慰安婦の強制連行も前述したように、でっち上げだとする人も多く、実証されたわけではありません。

今の若い人たちだけでなく戦後生まれの方は、みな歪曲《わいきょく》された歴史を吹き込まれて育ったわけで、戦後生まれが社会の大部分を占めた今、日本の社会がおかしくなるのも当然の帰結です。自国を正当化するために歴史をねじ曲げて記述した教科書はあっても、日本のそれのように自国を貶める教科書など世界中のどこを探しても見あたりません。誤った歴史を伝える教科書は早急にも改善しなくてはなりません。

アジアの国々を回って、各国の要人たちと話をしてみて、なぜ日本がこれほど経済的に繁栄し、ODAで金をばら巻いているにもかかわらず、尊敬どころか侮蔑《ぶべつ》されているのか、その理由がよくわかりました。被爆国でありながら、ヒロシマの原爆慰霊碑には「過ちは繰返しませぬ」と刻まれているし、教科書には、自国の悪口ばかりが並んでいる。しかも、政府も国民も、平然とこれを許している。これはまともな民族のやることではない。これが国際社会の日本に対する評価なのです。

歴史から目をそむけることの危うさを、中曽根元総理が自著『日本人に言っておきたいこと』で、端的に表現しています。

「歴史を正視しえない民族は、他国民から信頼も尊敬も受けることはありえない。われわれは自己の歴史の恥部から目をそらすことなく、これを直視する勇気と謙虚さをもつべきである。そして、そこからしかるべき教訓をくみ取って将来に向かい国民を教育し、正しく導くことが戦後の政治家に与えられた当然の責務だと考える」

しかし、残念ながら戦後の政治家に与えられた当然の責務が現在、果たされたとはいいがたく、日本人は自分たちの正史さえいまだ持ち得ていません。歴史を軽んずる者は、歴史から罰せられます。未来への道標《みちしるべ》、再生への道はいつも歴史の中に隠されています。歴史をなおざりにした国は滅びます。多くの文化人、学者らが今回立ち上がったのも、この普遍の法則に気づきはじめたためでしょう。

歴史と伝統を断絶させた戦後教育

昭和十六年十二月八日から二十年八月十五日の間、戦った戦争をみなさんは、太平洋戦争と習ったと思います。しかし、本書の中ではこの戦争をあえて「大東亜戦争」と記述してきました。

第二次世界大戦で日本が戦ったのは、あくまでも大東亜戦争だからです。大東亜戦争という呼び名は、戦時中、日本が閣議で決定したものです。中国、インド、南方の島々などアジアで戦ったのですから、あの日本の戦争はまぎれもなく大東亜戦争と呼ぶにふさわしい。ところが、今は太平洋戦争が一般的な名称になっています。この呼称の変更には、みなさんが考えている以上に重大な意味が含まれています。

大東亜戦争という名称を「太平洋戦争」に変えさせられたのは戦後です。戦後、占領軍指令によって大東亜戦争という名称の使用は禁止され、ＧＨＱのスミス企画課長が執筆した「太平洋戦争史」が全国紙に掲載され、以来教科書にも「太平洋戦争」と表記されるようになったのです。

なぜ、アメリカは大東亜戦争の呼称を太平洋戦争にすり替える必要があったのでしょうか。上智大学教授・渡部昇一さんは、『国益の立場から』（徳間書店刊）の中でこう指摘しています。

「その背景としては、占領軍の情報宣伝計画（ウォー・ギルト・インフォメーション・プログラム）がありました。アメリカ国防省は、終戦前の一九四三年に、すでに『平和と戦争』というタイトルの、アメリカ側から見た『太平洋戦争史』を編集していて、戦後に日本を占領するや否や、文部省にこの『平和と戦争』を教材として「利用セラルベキ」と命じました。重要な点なので繰り返しますが、『平和と戦争』はアメリカ国務省がアメリカの戦争目的を正当化するための宣伝文書、つまり戦時プロパガンダなのです。その中には、第二次世界大戦は「日独伊ファシズム対英米ソ民主主義」の戦いであり、邪悪なファシズムが負けて民主主義が勝ったということが、懇切丁寧に書かれていました」

このアメリカ側の戦時プロパガンダをベースとした太平洋戦争史観が戦後教育の中に持ち込まれ、日本はファシズムの国で、アジアの近隣諸国を侵略した邪悪で残忍な国家だったという史観が日本国民に刷り込まれました。

大東亜戦争は、まぎれもなく自存、自衛の戦争でした。しかし、戦争を正当化し、自分たちの大義を守るために、アメリカは戦後、日本人に罪悪感を埋め込もうとします。この意図を実現させるために練られたのが、昭和二十年十二月以降、実施された「ウォー・ギルト・インフォメーション・プログラム」です。

GHQ内では、このための委員会が設置され、あらゆる方面から日本人を洗脳する方法が考えられました。情報の独占もそのひとつです。情報をすべて統括し、自分たちに都合のいい情報は流すが、都合の悪い情報は禁じようというわけです。たとえば、原爆の残虐な写真の公表は禁止。映画にしても、自由ですばらしい文明国であるアメリカを描いたフィルムは上映を許可しても、アメリカの暗部である黒人差別などを扱ったものは上映禁止という具合です。

今、四十代、五十代の人は、少年時代や青年時代にはアメリカが憧れの国だったと思います。これも「ウォー・ギルト・インフォメーション・プログラム」によるマインドコントロールの成果です。映画や新聞などあらゆるメディアを通じて、進歩的で自由な文明国・アメリカのイメージが宣伝され、開放的なアメリカ家庭のライフスタイルは憧れの的となったのです。

しかし、何よりもGHQがもっとも重要視したプロパガンダの手段は教育です。文部省を通じて、歴史教育を改竄《かいざん》し、あらたにアメリカの都合のよい歴史観を日本人に叩き込もうという戦略です。

GHQが進めた戦後の教育改革を振り返ってみましょう。終戦直後誕生した東久邇宮内閣は、学徒の勤労動員解除など、戦時教育体制を解き、戦後の教育方針を発表します。昭和二十年九月十五日に示された「新日本建設の教育方針」がそれで、「今後の教育はますます国体の護持に務めるとともに軍国的思想及び施策を払拭《ふっしょく》し平和国家の建設を目途として謙虚反省する」というものでした。

天皇中心の国体を護持するというのですから、明治以来、教育のベースとなってきた教育勅語を指針とする教育は続行するという方針です。教育勅語は、戦後、いかにも軍国主義を醸成した諸悪の根元のようにいわれており、戦後育ちの方は教育勅語と聞いただけで抵抗を感じると思います。しかし、その理念は国民に徳育を施すことによって徳のある国家の構築を成し遂げようというもので、軍国主義に直接結びつく内容だったわけではありません。

教育勅語は、明治天皇の侍講《じこう》を務めた儒学者元田永孚《ながざね》が、明治憲法を執筆した井上毅とともに起草した日本人の道徳律で、天皇個人の道徳や教育に関する表明という形を取っています。当時、天皇は国体の中心であり、神聖にして侵してはならない存在でしたから、教育勅語が戦前の学校教育の絶対の柱として据えられました。

教育勅語が日本人の道徳的規範であったのは、次の一節を読んだだけでもわかります。

「父母ニ孝ニ兄弟ニ友ニ夫婦相和シ朋友相信シ恭倹己レヲ持シ博愛衆ニ及ホシ学ヲ修メ業ヲ習ヒ以テ智能ヲ啓発シ徳器ヲ成就シ進テ公益ヲ広メ世務ヲ開キ常ニ国憲ヲ重シ国法ニ遵ヒ一旦緩急アレハ義勇公ニ奉シ以テ天壌無窮ノ皇運ヲ扶翼スヘシ」

つまり、父母には孝養をつくし、兄弟は仲よく夫婦は円満に暮らせ、友人は互いに信頼し合い、他人にはうやうやしく己は慎み深く、博愛心を社会に広めよ、学問を修め、技能をマスターし、知能を磨け、徳を積んで立派な人格を形成せよ、私利私欲ばかりを追求せず、公益を大切にして社会責任を果たせ、国家の基本法である憲法を重んじ、遵法《じゅんぽう》精神を養え、一朝有事《いっちょうゆうじ》の際には国家に身を捧げ、永遠に天皇の御代が盛大となることに貢献せよとの教えです。最後の「一旦緩急アレハ義勇公ニ奉シ以テ天壌無窮ノ皇運ヲ扶翼スヘシ」は天皇絶対主義の当時ならではの記述ですが、そのほかの箇所は、日本人の道徳として、人の道として至極《しごく》まっとうな教えをかかげているにすぎません。

それはともあれ、終戦直後、東久邇宮内閣は、敗戦をかえりみて国民の精神面での弱さが敗因のひとつだったと結論を下し、教育勅語による精神力の強化を打ち出したのでした。

ところが、GHQが日本政府に要請してきたのは国体の護持とはほど遠い、日本の精神、文化の破壊政策でした。マッカーサー司令部は、十月から十二月にかけて教育改革に関する衝撃的な指令を次々と発布します。

十月二十二日出された第一の指令「日本教育制度ニ対スル管理政策」は、いわゆる教育政策の基本を示したもので、軍国主義、極端な国家主義を教育から徹底的に排除するために、教育内容、教育関係者をチェック、教科書や教材に関しては調査と取り締まりを行う、教員の自由な政治活動を保障する、教員の組合結成には助成する、といった抜本的な改革内容でした。この方針に添って、GHQの意に添わない人間の教職追放に関する指令が出され、さらに神道に関わる教育、行事などを全面的に禁止する指令、修身、日本史、地理の三教科の授業を停止する指令と続きました。教育勅語も廃止され、敗戦までの日本の教育はこうして完全に解体されたのです。

「国家」や「日本」をあえて排除した教育基本法

次にGHQはあらたな教育体制づくりに着手します。基本原則となったのは、アメリカ本国から招聘《しょうへい》した「アメリカ教育使節団」がマッカーサーに提出した報告書です。これを受けて、内閣に教育刷新委員会が設けられ、GHQの監視下で教育基本法、学校教育法といった戦後教育の法制の整備、六・三・三制への移行、教育委員会制度の導入、教科書の検定制の採用など戦後教育の骨格ができあがりました。

戦後教育の基礎となった教育基本法は前文で「われらは、個人の尊厳を重んじ、真理と平和を希求する人間の育成を期するとともに、普遍的にしてしかも個性ゆたかな文化の創造をめざす教育を普及しなければならない」と謳《うた》い、第一条で「教育は、人格の完成をめざし、平和的国家及び社会の形成者として、真理と正義を愛し、個人の価値をたっとび、勤労と責任を重んじ、自主的精神に充ちた心身ともに健康な国民の育成を期して行われなければならない」と教育の目的をかかげているように、「個人の尊重」と「平和主義」を全面的に押し出した内容です。そのかわり、「国家」や「日本」といった言葉はほとんどありません。言い換えれば、教育基本法では、国内的かつ国際的な平和主義の社会人を養成していくという方針です。

この方針の裏には日本人の国家観を骨抜きにしようというGHQの意図が働いていることは、誰にでもおわかりになるはずです。事実、昭和二十一年九月から十一月にかけて文部省は、東大や京大の学者たちを招いて「教育法要綱案」を作成しましたが、GHQの民間情報教育局（CIE）の介入によって、多くの部分が削除されたり、表現を変更させられています。

教育の目的を人格の育成に置くという教育基本法の柱には異存はありません。しかし、民族の文化と伝統、遺産を次の世代に受けつぐというもうひとつの重要な教育の任務がすっぽりと抜けています。「個人尊重」だけで「民族」や「日本」を排し、「国家不在の教育」に終始している教育基本法はいかにも意図的です。アメリカはもちろん、どの国の教育関係の法律にも、愛国心の育成が教育の目的にはっきりとかかげられている。ところが日本の教育基本法では、愛国心に一語半句もふれていないばかりか、取りようによっては、愛国心を持ってはならないと読めます。

教育勅語の禁止も、日本人の道徳観、道義心を奪い、個人から国を遠ざけようという狙いがありました。そして、この国家なき過剰な個人尊重の教育基本法の精神によって、やがて日本人は悪平等主義、欲望主義、エゴイズムに堕していきます。と同時に国家不在の教育システムは、自虐史観が横行する教科書を生み、日本人の心に罪悪感を植えつけ、愛国心を悪徳かのように扱う国籍不明の人種を大量生産してしまいました。

日本人は、どうしてこれほどにまで堕落《だらく》してしまったのか、実に明解に言い切っているのは、漫画家の小林よしのりさんです。『日本の論点2000』（文藝春秋編）の中で、〝「個人」を守ろうとすれば、「公」を守らねばならない。それが愛国心である〟と題した一文を通し、「愛国心」をキーワードにして、次のように述べています。

「少なくとも終戦後、東京裁判、GHQの占領政策下で行われたウォー・ギルト・インフォメーション・プログラムなどによって『国のためは、危険だ』『全体主義に繫《つな》がる愛国心など忌避《きひ》すべきもの、個人主義がすばらしい』『滅私奉公などナンセンス』という全体の空気の中で、日本が半世紀の道程を歩んできたのは事実です。そして、この、いわゆる戦後民主主義の空気の中で、『公』という観念がないがしろにされた状態のまま『個人主義』が叫ばれました。これはつまりどういうことになるかというと、『公』がすっぽりと抜け落ちた状態では『個人』たり得ないわけで、日本において個人主義は単なる『私』主義、つまり『利己主義』に堕してしまったのです」

教育基本法の目指す国際人、よき社会人とはいったい何なのでしょうか。英語を流ちょうに話せれば国際人だとでもいうのでしょうか。それ以前によき日本人を育てることが重要なのではないか。国家の存在をおおい隠して、健全な人格を育成するという教育基本法の基本精神自体がまやかしで、現在問題になっている学級崩壊などの教育荒廃につながっていくのは当然の流れでした。

教育基本法は、その前文に「われらは、さきに、日本国憲法を確定し、民主的で文化的な国家を建設して」と謳《うた》っているように、第二十三条で「学問の自由は、これを保障する」、第二十六条で「すべて国民は、法律の定めるところにより、その能力に応じてひとしく教育を受ける権利を有する」と定めた憲法と対になっており、いってみれば戦後の占領軍憲法の弟分です。裏を返せば、国や民族と個人を切り離す占領軍押しつけ憲法に基づいた日本人を育てるために、つくられた教育方針が教育基本法です。その結果、日本の教育はあたかも国家と国民がまるで対立しているかのごとく扱い、日本人は意識の中に国家を考えることがあたかも悪であるかのごとき印象を刷り込まれました。

勝田吉太郎・京大名誉教授は、自著『教育基本法見直し論』の中で京大の哲学科の教授であった田辺元の「種の論理」を引用して、戦後の「個人の尊重」「自立した個人」には「人類と架橋《かきょう》する中間項としての国、民族、郷土、伝統文化、家庭などへの言及がまったくない」となげき、戦後精神の荒廃の元凶を戦後教育に見ています。教育勅語が明治憲法と一体であったように、教育は国の根幹に関わる重要な土台です。教育基本法は憲法とワンセットで見直さなければなりません。

いわゆる「革新勢力」の大罪

日本の歴史教科書の偏向は、戦争の記述以外にも、たくさん見受けられます。そのひとつが左翼思想の賛美です。たとえば、朝鮮戦争に関しては、北朝鮮が韓国を侵略してはじまったという事実は一切書かれていませんし、ロシア革命におけるスターリンや毛沢東のチベットでの犯罪的な行為にも目をつぶっています。カンボジアの独裁者、ポル・ポトの大虐殺にも、もちろん、まったくふれていません。

日本の戦争犯罪について大きくふれるのなら、社会主義国の犯罪やアメリカの原爆投下という大罪についても公平で冷静な立場で評価し、取り上げるのがスジです。

問題はなぜ自虐的記述がはびこり、左翼的な思想が礼賛《らいさん》される教科書がまかり通ってきたかです。

太平洋戦争史観を浸透させるために、アメリカ側は用意周到な計画を練っていたともいわれます。渡部昇一さんの指摘によると、アメリカ陸軍情報部は、日本を占領するにあたって、どのような人物が占領軍に協力的か綿密な調査を行った結果、浮かびあがってきたのが、マルクス主義者が多い「歴史学研究会」だったといいます。戦後の歴史教育に指導的な役割を果たした団体に、「歴史教育者協議会」があります。この初代委員長が歴史学研究会の出身者でした。歴史学研究会はマルクス主義なので、共産主義と敵対しているアメリカが手を組むはずがないと思われる方もいらっしゃるかもしれません。

しかし、現実にアメリカは、過去、目的を達するために共産主義者と手を組んだことがあります。いい例が第二次世界大戦でのソ連の参戦です。旧ソ連は、いうまでもなく共産主義国家ですが、英米の要請により日本との不可侵条約を反故《ほご》にして連合国につきました。米ソの冷戦構造が定着し、お互いが反目し合うようになったのは、戦後になってからです。ですから、マルクス主義の歴史学研究会をアメリカが利用したとしても、別に不思議でも何でもありません。

これが「新しい歴史教科書をつくる会」が指摘する米ソ二大超大国の混合歴史観をもたらしている正体で、渡部昇一さんは「日本の戦後の歴史教育は、アメリカの占領政策と日本国内のマルクス主義者たちとの取り引きによってスタートした」と、その著書で断言しています。

教育基本法に国家論がないのも、国家意識を希薄にした占領政策に加えて、戦後、吹き荒れたマルキシズムの応援があったからです。マルキストたちによって、国家は搾取のための暴力装置で、国家論はタブーだという風潮がばらまかれたことに一因がありました。

また、一説には、GHQの教育部門には、「ニューディーラー」と呼ばれる共産主義者がずいぶんと入っていたので、左翼思想を教科書にも取り入れたのだとの指摘もあります。当時、彼らはアメリカ本国ではできない極端な教育改革を、占領下の日本ならやりたい放題できると考えて行った。いわば、日本で共産主義を実験してみたというのです。

その真偽は置いておくとしても、戦後アメリカのもたらした民主改革が、あまりにも急進的で、性急であったのはまぎれもない事実です。終戦の二カ月後には、治安維持法が廃止され、拘禁されていた共産党員が刑務所から釈放されました。彼らは、「天皇制打倒・階級闘争」を旗印に活動を開始します。

以後、農地改革、財閥解体、労働組合法の公布による労働運動の解禁などが矢つぎ早に実施され、GHQの奨励のもと、労働組合の結成が活発化し、労働運動が盛り上がります。結果、戦前・戦中の支配階層の旧悪が暴露され、いわゆる革新勢力がいっそう勢いづきました。表現の自由も奨励され、新聞やラジオの報道も一新し、進歩的文化人や進歩的識者と呼ばれる人々がもてはやされるようになりました。

いじめを実践して見せた日教組

戦後の教育改革・教育運動もこのようなうねりの中で行われており、教育界でも終戦直後、革新勢力が息を吹き返します。終戦二カ月後に出された「日本教育制度ニ対スル管理政策」でGHQが行った教員活動の自由の保障、教員組合結成の助成で、十二月には全日本教員組合と日本教育者組合が結成されました。その後、それぞれ全日本教員組合協議会、教員組合全国連盟と改組され、この二つの組合が統一され、昭和二十二年六月、誕生したのが日本教職員組合（日教組）です。

ところが、この頃から極端な民主改革路線の風向きが変わってきます。米ソ冷戦時代を迎え、GHQは社会主義陣営を睨《にら》んだ占領方針への転換を強いられました。

昭和二十三年の年初、米ロイヤル陸軍長官が「日本を反共の防壁とする」と演説、日本の非軍事化、民主化に修正が加えられ、マッカーサーの書簡によって公務員の争議行為は一切禁止されます。日教組も労働組合から除外され、団体扱いになり、スト権はもちろん、団体交渉権も奪われました。そして南北朝鮮で戦火が燃え上がった昭和二十五年には、日本の政界から共産党の議員はすべて追放（レッドパージ）され、警察予備隊が創設されます。

GHQの政策転換の中で日教組は、政治的には社会党、共産党への支持をいっそう強めていきました。社会主義陣営が平和勢力であり、アメリカこそが好戦的であるというかたくななイデオロギー集団となり、民主人民政府の樹立をかかげるようになっていったのです。

日教組を含めた革新勢力を裏で支援していたのは、アメリカと対峙《たいじ》していた中国共産党とソ連のコミンテルンでした。いってみれば、社会主義国にあやつられる手先としての革新勢力という構図ができあがってしまったのです。日教組は「米帝国主義」と非難しながら、そのくせアメリカの原爆投下の罪や西欧のアジア侵略にはふれようとしないというまったくおかしな教育を行っています。

そのように思想的に偏向しているだけではなく、無知でもある革新勢力が、教科書の編集を手がけ、子供たちの教育を行うとどのような結果を招くか、想像にかたくないでしょう。

日教組の罪を勝田吉太郎・京大名誉教授は、次のように喝破《かっぱ》しています。日教組は教員を労働者と規定し、「自ら労働者然としてふるまうことによって児童生徒の眼前で教師という職業に伴う〝権威〟と威信を自己否定したのである」（『宰相論』講談社）。

それだけではありません。「校長や教頭を〝規則〟、〝権力の犬〟とみなしてありとあらゆる悪罵《あくば》を浴びせ、そうすることで教育の現場における一切の権威を打倒し、否定し、全国の小・中学の校長が日教組傘下の暴力教師たちによっていじめ抜かれました。「そういう校長や教頭に対する乱暴狼藉《ろうぜき》や暴力的な主任制導入反対の運動は、長年にわたり生徒たちの目前で公然となされてきた。日教組は、身をもって、〝暴力教室〟を実演してみせたのである」。

校内暴力の横行、学級崩壊などの教育の荒廃は、日教組によってもたらされたというわけです。しかし、こうした日教組の暴力をマスコミはほとんど伝えません。朝日新聞に代表されるように、思想を同じくする革新勢力が実権を握っているところが大半だからです。たとえば、国歌・国旗法が採択される以前、広島県の校長が日の丸問題で自殺したことがありました。この事件は取り上げられたのですが、「この件で自殺した校長は五人、教育関係者は二桁になる」（高木書店『起て！　日本』での渡部昇一さんの発言）のに、ほかの事件はまったく報道されませんでした。

また、日教組の教職員は、労働運動を優先し、授業をしばしば放棄します。自分たちの権利だけを主張し、悪しき平等主義を子供たちに教えます。その結果、他人のことなど考えない権利のみを主張する大人が生まれ、日本全体がエゴイズムと悪平等主義に染まっていきました。

アメリカの手で戦後、種がまかれ、社会主義国が介入し、社会主義国の手先となった革新勢力がグルになり育てた日本の教育が荒廃していくのは、火を見るより明らかでした。

謝罪外交が残したもの

もっとも日教組を筆頭とする革新勢力を批判するだけでは教育問題は片づきません。文部省の罪も大きい。元タイ大使で外交評論家の岡崎久彦さんによると、韓国や中国への謝罪外交がはびこりはじめたのは「第一次教科書事件」以降だといいます。

昭和五十七年七月、中国政府が「日本の教科書の中国への『侵略』を『進出』と記述している」ことに対して日本政府を非難し、韓国政府、アジア諸国もこれに続いたのが第一次教科書事件です。日本政府は、この時、一連の批判に対して謝罪し、政府責任で書き換えることを約しました。

以来、政府はアジア諸国から非難があれば、事実関係がどうであれ、謝るという無責任で安易な謝罪外交を続けてきました。この時から歴史教科書に、以前にもまして自虐的な記述が目立つようになり、ついには心ある学者グループや文化人たちが教科書改善運動に立ち上がるという経緯をたどっているわけです。

政府の謝罪外交のもとをつくったのは、国益など念頭にない官僚たちのなれあい体質です。文部官僚もむろんその例に漏れず、臭いものには蓋《ふた》をしておけばいいという考え方で、自虐史観と偏向思想にあふれた検定教科書を容認してきました。多数の組合員を擁しているという理由だけで日教組と密かに接近したり、進歩的知識人やマスコミ、革新勢力の批判を恐れ、みずからの責任を放棄してきたのです。

文部官僚のふがいない体質は、教科書事件が起こるはるか以前に根づいています。その裏にあるのは、文部官僚が握る権限と既存権益です。国と地方を合わせると教育産業には、巨額の予算がつぎ込まれています。その上、教育界には、ほかの産業では見られない厳しい政府規制が、文部省によってかけられています。大学の設立ひとつをとっても文部省の許可がいります。また教科書出版社は、教科書無償配布によって、経費を全額受け取れる仕組みになっていますし、学校給食に関する権限も文部省にあります。この権限をバックに、日教組や教育関係者とのなれあいを続け、自分たちの既得権益を守ってきたのが文部官僚なのです。

したがって、自分たちの権益が侵されない限りは、あえて動こうともしませんし、逆に一旦、既得権益が危なくなると、日教組などと共同戦線を張り、つぶしにかかります。中曽根政権下で「戦後政治の総決算」を合い言葉に進められた教育改革、臨時教育審議会（臨教審）がいい例です。臨教審の第一部会でかかげた「教育の自由化」は、文部省と日教組によって集中砲火を浴び、「個性主義」さらには「個性尊重」とトーンダウンされ、事実上、骨抜きにされてしまいました。

臨教審の委員として教育の改革に取り組まれた瀬島龍三さんは、明治維新の施策として、①諸制度の刷新、②国防、③教育、④殖産振興をあげ、「明治維新が最初の段階でもっとも重要な国づくりの基本として、教育に取り組んだことが、とくにすばらしかったと考えています。この明治初期につくり、人材も国家資金も投入して懸命に育成した学制とその教育の成果こそが、日本の近代国家としての興隆《こうりゅう》を推進し、国際的にも枢要な地位を築く基盤になったといえるでしょう」と語っておられます。

教育は国の基《もとい》です。日本の教育を預かる文部官僚たちには、明治政府の精神を謙虚に振り返っていただきたいと要求しておきます。

国際人養成の前に、しっかりした道徳教育を

もう随分前になります。マレーシアの留学生から、「日本に来て、失望した」と聞かされました。彼の失望の原因は、電車での日本人の態度です。お年寄りに、席を譲らないのはまだ序の口で、目の前に辛そうに立つ老人がいても、シルバーシートにすら平然として座り続ける若者。

「僕は日本はすばらしい国だと聞いて、日本にやって来ました。でも、間違いでした。僕たちの国では、お年寄りに席を譲らない若者などいません。誰だって立つ。ところが、日本人は、お年寄りの優先席だと書いてあっても知らん顔をして、座っている。考えられない。日本は僕の想像とはまったく違った」

私は、同じ日本人として恥ずかしくなり、返す言葉が一言もありませんでした。

仏壇で知られる「はせがわ」は、アジア各国で、ボーリング場経営など手広く商売をしています。長谷川裕一社長が、台湾の経済人たちと懇談した折りのことです。彼

らからこう告げられたといいます。

「占領時代の日本の教育のおかげで台湾は、現在のような繁栄を手にすることができた。日本にはとても感謝しています。しかし、私たちは精神を失った今の日本からは何も学ぶことはない」

日本人はいったいどうしたのか。これがアジアの国々の声です。慎み深さや恥はどこかに置き忘れ、公徳心もない。そのくせ物欲だけは膨《ふく》らませている。反日日本人や無日日本人はいても、自分たちの国や民族には誇りを持っていない。
二、三十年前にはとうてい考えられない、高校生や十代の若者の凶悪犯罪など殺伐とした事件が現代社会で相次いでいる元凶も、すべて戦後の自虐史観、反日的教育にあります。自分の国が嫌いということは、自分が嫌いだということにほかなりません。日本という国が対立すべき存在なら、自分も対立すべき存在になってしまいます。命を粗末にし、他人へのやさしさも忘れます。かくして、身勝手な犯罪やいじめ、学級崩壊が日本中を満たしているのです。この根を断ち切らない限り日本人の精神の復活はありえません。ですから、教育の改革と刷新は、日本再生の必須条件であり、日本の盛衰を握る最大のカギです。
日本をどう立てなおしていくか。まず、取り組むべきは教育の基本たる道義の復活です。自虐史観の一掃はもとより、みずからの同胞を蔑《さげす》み、生きることの尊さも誇りも失いつつある日本人に、もっとも必要なのは道徳です。道徳とはわかりやすくいえば人の道であり、社会の一員としてのルールです。

今、教育の場では、国際人の養成が大きなテーマになっていますが、もっと先にやることがある。日本人としての教育です。立派な社会人を育てるための教育です。それ抜きにいくら教育制度を改革したとしても、世界の人々からは笑われるだけです。

国家百年の大計を誤るな！「教育改革国民会議」にもの申す

平成十二年三月末、小渕首相の私的諮問《しもん》機関「教育改革国民会議」が船出しました。日本の教育を根本から是正し、二十一世紀に通用する人材の育成を行おうという趣旨です。曲がり角に来た現在の日本の教育を何とかしなければ、日本の明日はないと考え、一生懸命、教育改革に取り組もうとしている小渕元首相の姿勢や、教育改革担当補佐官の町村信孝元文相の努力に寄せる期待は、大きいものがありました。

しかし、いくつか心配な点がなくもありません。ひとつは人選です。座長には、ノーベル賞学者の江崎玲於奈・元筑波大学学長が就任、委員には教育界、学界を中心として、財界、文化人などの錚々《そうそう》たるメンバーが選ばれています。もちろん、ひとりひとりの方は立派な見識の持ち主です。ただ、こと教育改革となると、果たしてふさわしい人選かどうか。

この陣容が発表された時、「私や中曽根さんなら、このようなメンバーは選ばなかっただろうなぁ」と私に告げたのは、石原慎太郎都知事です。石原さんの不満もわかるような気がします。私からみても、勝田吉太郎・鈴鹿国際大学学長ぐらいしか、二十一世紀の日本人づくりを根本から提言できる人はいないのではないか、との印象があるからです。聞くところでは、文部省主導により、今回の人選が行われたといいます。これがひとつ、心配の種です。

中曽根内閣の教育臨調が発足し、教育改革を実施しようとしたのは、みなさんご存じだと思います。あの時、瀬島さんのような深い見識をお持ちの方が中心になっていたにもかかわらず、なぜ骨抜きにされてしまったか。それは、文部省主導で進んだためです。文部省の息のかかった人たちが主体となっている今回の顔ぶれを見ると、なお不安と心配が先立つのです。

では、真の教育改革とは、どのようなものでしょうか。

「ひ弱な青白いインテリ、頭でっかちの日本人、優等生的なおりこうさんの育成ではなく、たくましく、柔軟で、外国人にもやさしい二十一世紀の日本人づくり」……これが有識者の一致した声です。

インターネットが地球を網の目のように覆い、世界はボーダレスの時代に突入しています。国際化の高波が日本を包んでいます。二十一世紀はさらにネットワーク社会が高度化していきます。そんな近未来社会では、心なき人、心なき国は、生き残れません。瞬時に世界中が結ばれる時代になるからこそ、日本人の心が必要です。日本の歴史と伝統を重んじ、国を愛し、両親を愛し、祖先を大切にする日本人です。東京裁判史観が奪った自尊心、自立心の蘇生です。

今日、日本があるのは、明治政府、明治の先達《せんだつ》たちが、こういう日本、こういう日本人をつくろうと百年の大計を立てて、教育に全精力を注いできた結果です。今、日本が頓挫《とんざ》しているのは、戦後教育が、この明治の志ある教育を放棄したからです。教育改革は、まず、あるべき日本人像の論議から始めなければなりません。

教育改革国民会議では、一年間で答申を出すとの日程を発表しています。しかし、これもあまりにも拙速にすぎるのではないか。教育改革は、一朝一夕ではなりません。

これから決める教育方針は、子々孫々に続く重要な指針です。それを一年で場当たり的に決めてしまって、方向を誤りでもしたら、それこそ取り返しがつかない。二年、三年かけて国民的世論の中で検討していくべき重要なテーマです。

小渕元首相の私的諮問機関だった「二十一世紀日本の構想」懇話会をはじめ、曲がり角にきた日本の教育のあり方については、これまで数多くの答申が出されてきました。しかし、これらの答申には共通の問題がありました。武庫川女子大教授・新堀通也さんが、産経新聞紙上で核心をついています。

「これら答申類に共通に希薄なのは、『危機に立つ国家』という視点から教育の在《あ》り方に迫ろうとする姿勢である。もし国民会議がその姿勢で真剣、率直に国民に訴えかけるなら、新鮮で迫力のある答申となるにちがいない。実際、現在の日本は少子高齢化、財政の逼迫《ひっぱく》、メガコンペティション、倫理の頽廃《たいはい》、IT（情報技術）革命への対応など、どれ一つをとっても、深刻な難問の解決を迫られており、維新、敗戦につづく第三の危機に遭遇《そうぐう》している。（中略）今のままの教育で『危機に立つ国家』を救い得るか、という疑問が起き、何とか教育を抜本的に改革しなければ、国の将来も危うい。『教育立国』どころか『教育亡国』さえ予想される」

「危機に立つ国家——教育改革への至上命題」と題する報告書がアメリカで発表され

たのは、ベトナム戦争の後遺症、産業競争力の低下、「双子の赤字」の増大などによってアメリカが没落と自信喪失の危機に直面していた、約二十年前の一九八三年です。アメリカは、危機脱出のカギを教育に見出し、至上命題として取り組み、再び繁栄を取り戻しました。新堀教授も指摘されているように、日本は今、危機に立つ国家であり、教育だけが亡国の道から日本を救うことができるという認識が、教育改革国民会議にはいささか希薄なのではと感じられてなりません。二十一世紀の日本の命運を分けるのは、将来を担う国の宝、子供たちの心の教育です。小手先の制度改革ではなく、国家百年の大計に立つ抜本的な改革が今こそ必要です。

第六章 「保守」と「革新」を誤報し続けた戦後、マスコミ文化界の大罪

「小善は大悪に通じ、大善は非情に似たり」

テレビのニュースを見ていて、ため息が出ることがしばしばあります。ニュースキャスターや有識者と称する人々の安易なコメントがあまりにも多すぎるからです。たとえば、テレビ朝日の夜の人気番組「ニュースステーション」の久米宏さんや「ニュース23」の筑紫哲也さん。いかにも耳ざわりのよさそうなコメントしか述べません。国の行く末や、それによって国民の生活にどのような影響が出るかなどといった肝心な視点はなおざりにして、消費税の税率アップが取りざたされると、国民生活を圧迫する増税には反対式の無責任でいかにも大衆が好みそうな耳ざわりのよいコメントに終始します。

私の好きな格言に「小善は大悪に通じ、大善は非情に似たり」があります。増税反対とか、軍事費はゼロにして福祉を手厚くといった国の大計を抜きにして語るお題目は、いかにも善のように聞こえます。

しかし、その結果、国の基《もとい》がつぶれてしまえば、善どころか大悪です。小善はまさに大悪に通じます。広い視野から日本の将来を真剣に考えれば、時には、国民にとってはとても受け入れがたいような提案を行わなければならないケースも往々にして出てきます。百年先、二百年先の日本がよりよい国に生まれ変わるために、今の人々に我慢を強いらなければならないことはよくあります。

良薬は口に苦しのたとえもあるとおり、目先の生活に追われている一般大衆にとって、将来を見通した政策や高所大所からの苦言は、決して心地よいものばかりとは限りません。時として非情に見えます。

「小善は大悪に通じ、大善は非情に見える」ほど、戦後の日本を象徴している格言はないのではないでしょうか。心ない政治家は人気取りとも思える耳ざわりのよい無責任な公約をかかげ、マスコミも本当の問題点には目をつぶり、耳ざわりのよい論調をたれ流します。誰しも耳に心地よい言葉は好きですから、一般大衆も何の疑問もなく受け入れがちです。しかも、戦後の教育は、日本人から考える習慣を奪っているのでなおさら批判精神を持ち得ません。

大衆迎合が当然になってしまったマスコミほど恐ろしいものはありません。ジャーナリストとして鋭い指摘をするどころか、多くのマスコミは衆愚をつくり出す装置と化しています。

朝日新聞よ、無責任ジャーナリズムを猛省せよ

とりわけ朝日新聞の罪は、見すごせないものがあります。進歩的知識人というおごり高ぶりで、無責任で無秩序な報道を繰り返し、今の日本が抱える大きな問題には一向にふれようとしません。朝日新聞自体が、戦後のアメリカのプロパガンダに乗って、その延長線上でしかものをいっていないことをわかっていません。紙面を飾っているのは、大衆迎合主義のその場しのぎの耳に心地よい論調ばかりで、偏った報道と戦後アメリカにうまく利用された左翼思想なるものをまき散らしているだけです。

朝日新聞が日本の代表的な新聞である限り、日本国民は自分たちの置かれた危うい現状には気がつかず、問題意識も持たず、間違った方向に進んでしまいかねません。

朝日新聞は、「良識の府」などという世評とはほど遠い存在です。朝日新聞が新聞界の頂点に君臨している状況は、わかりやすくいえば、旧社会党が政権を牛耳《ぎゅうじ》っている

ようなものです。その時々で変節を重ねながら、庶民の味方面して無責任な扇動を行ってきた朝日新聞の罪は決して小さくありません。

「反核平和」を売り物に、反核平和運動の提灯《ちょうちん》持ちをしてきた朝日新聞やその執筆陣である進歩的有識者は、旧ソ連を批判しませんでしたし、中国の核についてもふれたがりません。北朝鮮の核の脅威にはあえて目を向けようとしない知識人もいます。

社会主義陣営の旗色が悪くなり、イデオロギー的座標軸がくずれると、今度は、誰もが受け入れるであろう「環境」一本槍です。まるでその時代時代に受けそうなネタを箱の中から取り出すがごとく、無節操極まりない報道を続けています。そのかわり自社に都合の悪いことや、自分たちの主張に合わないことはすべて紙面から排除します。

こんな新聞が八百万部の部数を誇り、良識の砦だ、オピニオンリーダーだといわれる日本は何と愚かな国でしょうか。

外交評論家の加瀬英明さんは、朝日新聞の良識は単なる庶民の味方というポーズにすぎず、『『庶民』の味方であるというポーズをとることによって、一千万人近い読者と一体化しようという、きっと無意識なものであろうが、狡猾《こうかつ》な計算があるのだろう。読者と肩を抱きあって泣きたい。俗にいえば、読者を『グルにしよう』という心理作戦なのである」(『日本の良識をダメにした朝日新聞』山手書房)とその本質を述べています。

日本を売り渡す進歩的文化人

ゆがんだ歴史観を助長し、アジア近隣諸国の日本への批判を煽《あお》るのも朝日新聞をはじめとするマスコミや進歩的有識者と呼ばれる文化人たちです。第一次教科書事件にはじまる、一連の教科書摩擦のしかけ人は進歩主義ジャーナリズム、進歩的文化人と称する人々でした。

みんな北京に支局を置きたい、あるいは情報を得たい。追放されたくないので、中国におべっかを使い、「日本の教科書にはこんなことが書いてある。けしからん」とご注進におよび、国内ではメディアを使って騒ぎ立てます。そうなると中国側だって黙っていられません。外交を有利に展開できる格好のネタを提供されたわけですから、これを利用しない手はない。結果、中国をはじめとするアジア諸国からの抗議の声が高まります。

反日日本人が騒ぐ。マスコミがその声を拡大し、外国が干渉してくる。日本政府はことの真偽を確かめず、受け入れて謝罪をし、国民も反日史観に染まっていく。この繰り返しです。

実際、私は中国のある要人から「中国のほうから何か言い出したことはない。あなた方の国で騒ぐから抗議するのだ」とのホンネを聞きました。韓国の従軍慰安婦強制連行問題でも同様です。いつも火の手を上げるのは、国内のマスコミです。これがどんなに恐ろしいことか、容易に想像がつきます。反日史観の日本人が次々と誕生し、さらにまたそれが反日史観を生むという循環を繰り返すことになるからです。

いったいどこの国のマスコミなのか。これでは売国奴ではないか。進歩的文化人は、反日日本人を育てたばかりか、日本を外国に売り渡すようなマネもやってのけるのですから、開いた口が塞《ふさ》がりません。

第一次教科書事件に話を戻すと、発火点となったのは、マスコミがまず「文部省が検定によって『侵略』を『進出』と書きなおさせた」と騒いだことにあります。ところが、この報道は誤報だと後になってわかりました。

教科書問題は、純然たる国内問題です。他国が外交ルートを通じて、正式に抗議してくる問題ではない。それを事実関係もよく調べもせず、謝ってしまった政府にも呆《あき》れますが、マスコミもマスコミです。国内問題だから内政干渉だと非難するでもなく、ましてや誤報で中国にきっかけを与えたのですから。しかも、誤報に対する謝罪もないまま。これを機に文部省の検定は百八十度転換、反日思想で教科書が染まったのですから、無責任マスコミの罪はいくらあげてもあげ切れません。

日本が戦後、独立体制を固められなかったのも、進歩的文化人やジャーナリストが世論を攪乱《かくらん》したからです。護憲ファッショとでもいうべき言論統制をつくり出したのも彼らでした。そんな朝日新聞を代表とする革新マスコミのご機嫌を取り、朝日新聞さえ味方につけておけば大丈夫と考えている政治家が、革新、保守を問わずいるのですから、理解に苦しみます。

歴史小説家で気鋭の論客でもある井沢元彦さんは、「日本の進歩的文化人はこの国の世論を分裂させるために多大な『貢献』をしている。たとえば安保・自衛隊問題でもそうだが、国の安全を守るということは国家としての当然の義務であるという、まさに『当然』の思想がいまだ日本に受け入れられていないのは、この人たちの『功績』によるものである」と進歩的文化人を一刀両断にしています。

革新という名の守旧主義者たち

朝日新聞に代表される進歩的知識人、マスコミの主張は「革新」といわれます。しかし、本当に彼らは革新と呼ぶにふさわしいのでしょうか。

岩波書店の広辞苑によると「革新」は「組織、慣習、方法などを新しくすること」とあります。ところが、これまで革新勢力と呼ばれてきた陣営は、「保守」が何か新しい政策や方法論を持ち込もうとすると、必ず反対をし、現状を守ろうとしてきました。憲法を改正するのも反対ですし、その是非は別にしても、リストラも従来の組織の変更ですから、革新的な経営となるはずですが、労働組合は絶対反対です。ことごとく変化には反対をする。これでは「革新」どころか「正常な状態を維持すること」という意味を持つ「保守」ですらありません。なぜ、このような言語矛盾に陥ったのでしょうか。

終戦直後、ＧＨＱの占領政策で進歩的文化人やジャーナリストなど革新勢力が、勢いづいたのは、すでに述べたとおりです。戦後、数年の間は、今でいう革新勢力は「進歩的」という表現が使われていました。進歩的な人々と保守的な人々という分け方です。日本の伝統を守ろうとする立場が「保守的」で、ＧＨＱのもと進められた労働組合運動、非軍事化などを支持する立場が「進歩的」です。しかし、この区分は米ソの冷戦突入とともに、微妙なイデオロギー問題を含んできます。進歩的と一括《ひとくく》りにされていた人たちが親ソ派、親米派に分かれたからです。そこで、マスコミは親米路線を取る政府与党に反対する親ソ派を「革新」と呼ぶようになり、その反対の立場を取る人々に「保守」のレッテルを貼りました。つまり、マスコミによって政府与党を支持する人が「保守」で、政府に反対する人が「革新」といったおかしな定義づけが流布《るふ》されてしまったのです。

保守は世界史的に見れば、エドマンド・バークにはじまる思想です。フランス革命後の恐怖政治を嫌ったバークは、伝統的な制度のよさを残し、急激な変化を抑制して法と秩序を重んじるべきだと主張しました。これが保守の思想として伝えられ、今日では思想的自由と市場原理を守る勢力を保守と呼ぶようになりました。これが本来の保守の思想であり、頑固な守旧主義ではありません。

戦後、マスコミは、「保守」と「革新」を取り違え、誤報し続けてきました。時代に合った政策や方法論を導入したり、正しい方向への修正を「保守」という言葉で非難し、「革新」でも何でもない、ただ変化には反対という守旧主義者を「革新」といって、さも進歩的であるかのように称し、もてはやしてきたのです。

ついでに「進歩的文化人」とか「進歩的知識人」にもふれておくと、一部の左翼雑誌に執筆する親社会主義的意見を持つ人を進歩的と称しているにすぎず、これまた本来の意味からは大きく離れています。

その一方で、愛国心や忠孝といった日本のよき伝統、精神に少しでもふれた人間は、すぐに「反動的」だとか「軍国主義者」、「タカ派」と非難します。進歩的、革新的と称する勢力は言論の自由さえ封殺しようとします。その結果、保守には反動的右翼といったマイナス・イメージが、革新には労働者やインテリの進歩勢力といったプラス・イメージがついてしまいました。

ところが戦時中、彼らはどうだったか。たとえば朝日新聞は、戦時体制にべったりで、「欲しがりません勝つまでは」「撃ちてし止《や》まん」などの戦時標語も朝日新聞が大政翼賛会などと共催して募集した標語です。

「敗色が濃厚となった昭和二十年六月十四日の朝刊では『敵来たらば「一億特攻」で追い落とそう』と題する記事を掲載。『国民の中にはまだ特攻精神に徹しきっていないものがあるのではないか』と述べ、手榴弾の投げ方や竹槍の使い方を図解で紹介し、『老人も女も来るべき日に備えよ』と、ゲリラ術による一億玉砕を呼びかけていたのである」（小室直樹著『日本国民に告ぐ』クレスト社刊）

世論を引きずり、国民を戦争に駆り立てたのは朝日新聞でした。戦時下の言論統制の中では仕方がなかったこととはいえ軍の手先となって、国民を破滅へと導いていた罪は大きい。しかも、戦後になって、今度はアメリカにおもねります。

昭和二十年九月十日、ＧＨＱは「言論および新聞の自由に関する覚書」を出し、新聞や出版物の検閲を開始します。これに「愛国的なるにつき」が引っかかり、発禁処分を受けたのが朝日新聞でした。以来、朝日は自己検閲により、愛国心を紙面から排除、ＧＨＱの意向を浸透させていきました。

健全なマスコミを持たない国は滅びます。ジャーナリズムが正常に機能せず、国民に社会の実態や国家の本当の姿を伝えない国は滅亡する。これは歴史の鉄則です。歴史にも正しく目を向けない。時代の求める改革にも反対。日本の社会から健全さを奪ったのは、不健全なマスコミと文化人です。

健全社会、健全マスコミを守り続けたフジサンケイグループ

かたや健全国家、健全社会を守ってきた真の意味で良識のある新聞社もあります。産経新聞です。

戦後、反日・大衆迎合マスコミが主流を形成し、世論をおかしな方向にリードしはじめるという状況を、苦々しい思いで眺めていたのは、永野重雄、今里広記、水野成夫、鹿内信隆、五島昇ら良識ある財界の諸先輩方です。当時、東急グループの総帥、五島昇の秘書として、財界人の「呼び出し太郎役」を仰せつかっていた私は、多くの先輩方が「今は、やむなく経済成長への道をとっているが、やがて日本はかなえの軽《けい》重《ちょう》を問われる時が来る。精神的支柱を失ったからだ。何としても基軸を正しく修正しておかなければならない」と鬱勃《うつぼつ》として語りあっていたのを今でも覚えています。

そうした経済人たちの想いが、乗り移ってできたのが産経新聞です。確か昭和三十年代の末期でした。経営の傾いた産経新聞を「良識あるオーソドックスなジャーナリ

ズムを残しておかなければならない」と考えた経済人たちが支援、再建し、その経営を鹿内さんにゆだねたのです。

その結果、鹿内さんをトップと仰ぐフジサンケイグループが形成され、『正論』が生まれました。同時期に文藝春秋からも『諸君』が創刊され、これらのオピニオン雑誌が言論界で力を持ち、人口に膾炙《かいしゃ》され、いま大きな世論となりつつあるのも、当時の経済人たちの魂が乗り移っているからです。経済人の願いは通じ、フジサンケイグループは、商業ジャーナリズムとしては唯一、正しい見方を提供するメディアに成長しました。

財界の悲願と執念は、鹿内信隆さん、そのご子息、鹿内春雄さん亡き後も、後をついだフジサンケイグループの羽佐間重彰（産経新聞会長）・日枝久（フジテレビ会長）コンビにしっかりと受けつがれています。たとえばフジテレビで日曜の朝、放送している『報道２００１』は、正論を伝える唯一のテレビ番組です。羽佐間・日枝コンビは、鹿内イズムの真髄をものの見事に継承しています。

購読紙は「産経」に切り替えよう

新聞に評価を下すとしたら、一に産経、二に読売、三から下はありません。朝日新聞しかり、毎日新聞しかり、日経新聞しかり、ほかはすべて無責任マスコミ、全滅です。朝日新聞などはもってのほか、ただの野次馬新聞です。

ただし、毎日新聞には、例外的に読んでいただきたいコラムがあります。毎週、火曜日に掲載される、岩見隆夫さんの「近聞遠見」です。このコラムだけは別で、毎日新聞の紙面の中で唯一、読む価値があります。岩見さんの政治家の深層心理まで読んだ人物評は非常に的確で、政治評論家・岩見隆夫の真骨頂が発揮されている「近聞遠見」は圧巻です。

しかし、新聞を読むなら産経新聞と読売新聞のいずれかとスポーツ新聞を組み合わせて、とお勧めします。

私は、別に産経新聞や読売新聞から宣伝費をもらっているわけではありません。読売新聞は、私の古巣ではありますが、産経新聞とは何の関わりも、利害もない。ただ、公平に客観的に見ても、産経、読売の二紙を除けば、真実を報道しない新聞ばかりなのです。日本の将来を考える方は、新聞を読むなら、産経、読売のいずれか、できれば両紙合わせてご購読ください。とくに産経新聞はもっと多くの方に読んでもらいたい。いや、心ある経営者、政治家、官僚、学者、宗教者なら、読む義務と責任があります。石原慎太郎流にいえば、「産経新聞の購読が日本のためになる」と断言すらしたいほどです。

企業も積極的に産経新聞を応援すべきです。朝日新聞に広告をのせるぐらいなら、産経新聞に出稿してほしい。部数が少ないから宣伝効果が薄いなどといわず、世なおし料として産経新聞に広告を出して支援する。健全社会を守ってくれる産経新聞には協力せず、健全社会を目指さない朝日新聞に広告を掲載するのは、どう考えてもおかしな話です。心ある日本人は、産経新聞を育てる義務があります。誤ったマインド・コントロールに染まらないために、読者のみなさんも今日からでも産経新聞に切り替えていただきたいものです。

国士評論家、竹村健一の存在

良識ある健全マスコミ、フジサンケイグループの『報道2001』にレギュラーとして出演しているのが評論家の竹村健一さんです。現在の言論人の中で竹村さんほど期待と信頼を一身に集めている人はいません。財界、政界はもちろん、官界、学界でも心ある人は、彼の評論にみな拍手を送っています。

この二十年間、竹村さんは、常に正論を語り、しっかりした日本の座標軸を国民に提示してきました。その視点は一度もぶれることなく、的確な指摘とやさしい言葉で戦後日本の病巣を突き、どのように日本が進むべきかを語ります。

彼は間違いなく、当代一の論客です。日本の国を誤った方向に行かすまいと、はっきり悪いことは悪いといい、よいことはよいという。進歩的、革新的を気取っていても、抗議を恐れて、少し微妙な問題となると、無視を決め込んでしまう評論家。ただ耳ざわりがよさそうだというだけで、コメントを吐く無責任ジャーナリスト。あっちへフラフラこっちへフラフラしながら、マスコミに巣くう自称文化人。竹村さんは、そのようなマスコミ人とは全然違います。

中曽根元総理、瀬島さんのような高い見識を持つ方々も竹村さんの意見には耳を傾けます。竹村さんの評論活動を正しく評価できる良識ある財界人、識者は、気がつけばみんな親竹村派になっていました。

竹村さんは、日本を正常な路線に導く「国士評論家」です。「国士」などというと、右翼かとまたまた反発する人がいるかもしれませんが、それは前述したように偏向マスコミが刷り込んだマイナス・イメージであって、「国士」が本当に意味するものではありません。国を想い、立派な国づくりに尽くす。これが国士であり、国士知識人、国士政治家、国士経済人たちによってあらたな日本の建国が実現するのです。

望みたい外圧に対する政府の毅然とした態度

外圧に対する日本政府の毅然とした対応も望まれます。第三章でふれたカリフォルニア州議会の法改正の問題では、今のところ日本政府は立ち上がろうともしていません。

かたやドイツはどうか。ナチス・ドイツの被害者に対する個人賠償に重点を置き、いまだ国家賠償をしていないドイツ政府は、ラムズドルソ元経済相を窓口に立て、米国との交渉を続けています。ドイツ企業も強気で、被害者の要求に対しては一定額を提示、十二月十五日までにこれを飲まないと交渉を打ち切ると宣言しました。ドイツ政府もこれを援護射撃し、シュレーダー首相が五十二億ドルの基金をつくることで片をつけると決断し、アメリカ側から一札を取っています。

日本よりはるかに重い戦争責任を負っているドイツでさえこうなのに、日本政府は、あたかも自国の過去を断罪する反日マスコミと同じ立場かのように、日本企業への要求に関して黙り続けています。教科書問題、慰安婦強制連行問題での態度と寸分変わっていません。もし、米国の元捕虜たちの要求にこのまま言いなりになったとしたら、アメリカだけでなく他国からも要求がわっと洪水のように押し寄せるでしょう。そうなった時はどうするのか。またひたすら謝罪に徹して、国民の税金をジャブジャブとつぎ込むのか。

外務省出身の外交評論家の岡崎久彦さんによれば、近隣諸国との歴史認識問題はもう片がついているといいます。韓国や中国は、もうこの問題を二度とあちらから持ち出してくることはないだろう、とみています。その理由を詳しく述べる紙幅はありませんが、中国については一昨年秋、江沢民国家主席が来日した折りの一般庶民の反応が大きなきっかけのひとつになりました。江沢民国家主席が、訪日の際、歴史認識を何度も持ち出した時、日本の一般庶民から激しい抗議が殺到しました。日本国民は、反日日本人が騒ぐ、進歩主義ジャーナリストが書き立てる、外国から抗議が来て政府が安易に謝り続ける、という戦後体質に飽き飽きし、疲れているのです。

歴史をねじ曲げ賠償をぶんどろうという外国のたくらみには、政府や政治家は毅然とした態度で断固はねつけなければなりません。なぜ、アメリカが今頃になって、戦中・戦後の賠償問題を次々と持ち出してくるか。からくりのひとつは、アメリカの弁護士過剰にあります。

今、アメリカでは多くの弁護士が訴訟の種を探して暗躍しています。少しでも訴えられそうなネタを持つ人間を見つけて、弁護士たちはそそのかします。「訴えれば、金が取れますよ」と。その気のなかった人も、この甘いささやきに乗り、訴訟を弁護士に依頼し、彼らは成功報酬を受け取るという仕組みです。

国内でネタが少なくなれば、今度は、海外です。そこで狙われているのが、訴訟ですぐに言いなりになる日本です。なぜ、言いなりになり、賠償に応じてしまうのか。日本人の意識の底流には東京裁判史観があるからです。自虐思想があるからです。

だからこそ、政治主導で、筋の通らない海外からの賠償要求は毅然としてはねつけなければなりません。サンフランシスコ講和条約で国交を回復した時に、すでに精算は終わっています。いまだ交戦国とは講和条約を締結していないドイツとは、日本は立場が違います。たかりゆすりの類《たぐい》に屈すれば、相手はつけあがり、日本は賠償亡国になりかねません。われわれ国民が汗水たらして働いて納めた税金の大部分が賠償に費やされるようなことにでもなってしまったら、あまりにもやり切れないではありませんか。

理のない要求には反論し、断固、はねつければ、海外の諸国も筋の通らない無茶な要求はしてこなくなりますし、いかにも正義の味方面して訴えた側に立つ反日ジャーナリストや進歩的文化人のはびこる余地もなくなるはずです。

戦後体質の大きな欠陥は、マスコミ、政治、教育すべての面で曖昧模糊《あいまいもこ》がはびこってきたことです。何でもお茶を濁し、その場しのぎに終始したことが、何十年も前のことに対する海外の賠償要求や教科書を書き換えろという外国の内政干渉を生み出しました。そして、今日の政治、社会、文化の混迷を招き、日本の精神を混乱させています。曖昧模糊《あいまいもこ》の戦後体質はもう行き詰まっています。止めにしなければなりません。マスコミも政治も教育も、みなさんも。

第七章

戦後「国会」をハイジャック、憲法違反を続けた「官僚勢力」

官僚支配の種をまいた吉田茂

戦後日本のもっとも大きな病巣は、官僚支配体制です。戦後、巨大な官僚組織が権力を一手に握り、国会をハイジャック、わが物顔で君臨しています。予算の無駄遣《むだづか》い、補助金のばらまきや許認可権を背景にした産業界での君臨、天下りという名の癒着《ゆちゃく》と利権構造……国益のことなど考えず、国を乗っ取り、国民そっちのけで既得権益をむさぼっています。

長引く不況下、多くの企業が経営の危機にさらされ、サラリーマンは生活に汲々《きゅうきゅう》としているというのに、国民の税金を使う高級官僚OBたちは、レストランや、スポーツクラブなどに毎日のように出入りし、家族で海外旅行を楽しむなど悠々自適の生活を送っています。官僚の腐敗、官僚支配体制の弊害が現在の日本のガンであるのは、誰もが認めるところでしょう。

では、このような悪しき戦後日本のシステムの元をつくった犯人は誰でしょうか。

元凶は官僚出身の吉田茂元首相です。第四章で吉田元首相のひとつの罪は、憲法改正の好機を逃し、日本の戦後独立への道を閉ざしてしまったことだと指摘しましたが、今ひとつが官僚支配体制の構築です。この罪は憲法改正問題などよりはるかに大きい。もはや官僚組織は、実権を掌握し、がっちりとスクラムを組んで国民主権さえおびやかしているからです。

吉田元首相は、貴族院出身で気位が非常に高かったことで知られています。吉田は明治三十年十月、学習院に入学、中等学科、高等学科をへて外交官養成を目的として設置された大学科に進学します。ところが近衛篤麿院長が死去すると同時に、大学科は廃止されたため、東京帝国大学法科大学政治学科に席を移しました。そして明治三十九年、卒業後、外交官領事官試験に合格、外務官僚の道を歩みはじめます。

学習院での七年間は、吉田のいわば人格形成期にあたり、学習院の校風がなおのこと気位の高さを植えつけたといわれています。

吉田の政策を読み解くもうひとつのカギは、彼の外交官時代です。英国大使を含め、ロンドンには三回七年間赴任しています。この間、吉田は親英米外交官となり、日米開戦にあたっても、英米といったアングロサクソンの国との戦いに反対を続けていました。大東亜戦争開戦前には、次のようなエピソードが残っています。吉田は当時、戦争回避に躍起《やっき》で、親しい関係にあったグルー駐日米大使に接近していました。その際、最高指導者たちの動向まで知らせるという利敵行為になりかねないことまでやってのけています。

この吉田の気位の高さと親英米が、戦後の吉田政治を決定づけます。気位の高かった吉田は、はじめから一般大衆など眼中になかったどころか、政党政治と民衆を侮蔑《ぶべつ》さえしていました。その結果、日本国民をかえりみようとはせず、対米追従一辺倒の方針で政治を展開しました。さらに占領下では絶対だった米政府の威を借りて、民主政治の根幹である政党政治をつぶし、日本を官僚主義に導きます。

日本国憲法は前文に「ここに主権が国民に存することを宣言し」、第一条には「主権の存する日本国民の」とあり、主権在民を謳《うた》っています。この憲法に基づけば、民意に添った行政を行うための行政府が内閣であり、その長が内閣総理大臣です。ところが、吉田元首相は総理みずから憲法違反を犯し、政党政治を否定し、国民の主権をなおざりにして、官僚政治をしこうとしたのです。

官僚出身が戦後の内閣を占領

吉田首相は、着々と官僚政治の基盤づくりを進めます。「吉田学校」の名で知られているように、吉田は若手の官僚政治家たちを次々と育て、「吉田官僚帝国」を固めていきました。外務省の後輩であった芦田均内閣が短命で終わった後を受けた第二次吉田内閣（昭和二十三年十月十九日～二十四年二月十六日）では、運輸事務次官でまだ議員にもなっていなかった弱冠四十七歳の佐藤栄作を唐突に官房長官に大抜擢し、世間を驚かせています。

第一次吉田内閣が幕を閉じたのは昭和二十二年五月二十四日です。次に政権の座についたのは、社会党の片山哲。戦後初の社会党内閣は、翌二十三年三月十日に倒れ、芦田内閣が以後約七カ月続きます。この間、吉田は捲《けん》土《ど》重来《じゅうらい》を期して、佐藤栄作、池田勇人、橋本龍伍、大橋武夫ら官僚トップを招集、彼らをブレーンに政策を練っていました。官僚支配体制への足固めです。この時、集まった官僚たちが後に吉田内閣を支え、官僚総理を次々と生み出したため、後に吉田学校と呼ばれます。なかでも佐藤栄作は、吉田学校の優等生で、吉田首相の一の秘蔵っ子です。その佐藤をいきなり官房長官という要職に抜擢した。これは、吉田の英才教育の一環です。佐藤を将来、官僚政治をになう逸材とみた吉田が、官僚のうちから政治の舞台での経験を積ませようと考えていたためです。

第二次内閣に続いて、昭和二十四年二月に成立した第三次内閣では、ブレーンのひとりであり、大蔵官僚から政治家に転身した池田勇人を一年生議員ながら蔵相に起用、これまた人材養成の手段として大臣ポストを利用しています。さらに昭和二十七年十月誕生した第四次内閣では、池田を通産大臣に、佐藤を建設大臣の要職につかせました。この時、吉田は、党人派の鳩山派を人事から一掃、政党政治家を自由党から追放しています。吉田官僚体制はがっちり固まりはじめていました。

以後、吉田の思惑はことごとく成功し、内閣総理大臣は官僚政治家の世襲制になったかのような様相を呈します。

昭和二十九年十二月、鳩山民主党、左右社会党（当時は左派と右派に分かれていた）らの提出した不信任案が通り、五次に渡った吉田政治はやっと幕を閉じました。かわって巻き返しに成功したのは、心ある財界人たちが支援していた鳩山民主党です。

鳩山内閣は、約二年にわたり政権を握りましたが、この間、前述したように保守合同がなり、次には自民党の石橋湛山が首相の座につきます。しかし、石橋政権は、首相が健康を害したため、たった二カ月で終わります。

かわって政権を手にしたのは、自民党の岸信介です。ご承知のように岸さんは佐藤の実兄で、戦前の商工次官です。昭和十六年、東條内閣の商工大臣に任じられており、敗戦後はA級戦犯として巣鴨プリズンに収容された後、政界に復帰しました。しかし、岸さんは、運輸省出身の弟の佐藤とは違って、「革新官僚」でした。吉田とは一線を画し、党人政治家たちとともに吉田官僚政治を阻止する側に回っていました。瀬島さんも岸さんを、中曽根元総理と並ぶ戦後の名宰相《さいしょう》と評価しています。

岸さんの次に政権をバトンタッチされたのは、吉田学校の池田勇人で、側近には、大蔵官僚出身の大平正芳、宮沢喜一らがいました。ここから吉田の意図した官僚政治支配が花開きます。

池田の後は佐藤栄作がつぎ、約八年にわたる長期政権を実現します。第一次吉田内閣から佐藤内閣が退陣するまでに要した年月は、約二十六年。うち二十二年あまりが官僚政治家に政権がゆだねられています。その後も大蔵官僚出身の福田赳夫、大平正芳、宮沢喜一とたびたび官僚政治家が総理の座につき、戦後歴代首相のうち三分の二が官僚政治家という有様です。

戦後の官僚政治家たちは、いうまでもなく吉田路線を踏襲《とうしゅう》しており、吉田茂に連なる系譜の政治家は保守本流と呼ばれるようになりました。この間、経済成長はなりましたが、官僚政治家による戦後の内閣占領で、民主政治は完全に踏みにじられてしまいました。

官僚政治・対米盲従政策に抵抗した財界人・党人政治家

官僚支配体制・対米盲従の吉田政治に対して経済界の諸先輩は、大きな危惧《きぐ》を抱いていました。当時、財界では、三井、三菱、安田などの旧財閥系の経営者たちは保守本流の官僚政治家たちに肩入れし、一方、永野重雄さんを旗頭《はたがしら》とする戦後の実力派経済人たちは党人政治家、革新官僚を応援していました。

財界の重鎮《じゅうちん》であった永野さんは、表面的には官僚政治家たちともうまくつき合っていましたが、内心、官僚政治・対米追従政治には、何とか歯止めをかけなければと考えていました。永野重雄さんを中心に、今里広記さん、桜田武さん、鹿内信隆さん、私が仕えていた五島昇など、戦後の経済・産業界をリードした心ある諸先輩は、政治が官僚支配におちいらないよう、鳩山一郎、河野一郎、三木武吉、若き中曽根元総理など政党政治家と密に連絡を取りながら、政治を正常な路線に戻そうとしたのです。

私が敬愛する政治家に故・椎名悦三郎さんがいます。椎名さんは、岸内閣の官房長官を務め、田中角栄内閣の時には、台湾に特使として派遣され、日中国交回復の陰の立役者となった戦後の名政治家です。私は椎名さんから政治はもちろん、ものの見方など広く教わりました。椎名さんも保守本流の官僚政治に抵抗した政治家のひとりです。

五島昇より「呼び出し太郎役」を仰せつかっていた私は、連日のように永野さんや椎名さんなどの政財界のお歴々に連絡を取り、赤坂の料理屋に集まっていただきました。アメリカの桎梏《しっこく》から脱却するには、どう政治を導けばいいのか、膝つき合わせて熱い議論が続いていたことを昨日のことのように思い出されます。しかし、保守本流を切りくずすまでにはいたらず、池田政権、佐藤政権と続く中で、官僚政治の強固な地盤が固まってしまいました。

吉田元首相がまいた官僚政治の種は、戦後最大の不始末です。吉田元首相が決して戦後の名宰相などではないといった最大の理由はここにあります。仮に吉田政権がなかったとしたら、日本はまったく違う方向に進み、健全な社会が建設されていたでしょう。

官僚政治家政権に便乗して利権屋集団と化した官僚機構

戦後何代も続いた官僚内閣を支えたのは、むろん、巨大な日本の官僚機構です。その間、政官は癒着し、数々の権力を得た官僚たちはおごり高ぶるようになり、やがて利権あさりに奔走《ほんそう》しはじめます。

戦後しばらくは、財界と政界は手をたずさえて、戦後日本の基《もとい》を模索してきました。財界の意見は、政治にも反映され、経済人の良識ある声が届くことによって、健全な政治、経済、社会システムができていました。高級官僚も、当時は、日本の将来に思いをはせ、気概を持って仕事に取り組んでいた人が多かったように思います。

ところが、官僚政治が長く続くにつれ官僚は増長、権力集団、利権屋と化し、のさばるようになりました。官庁では「省あって国なきがごとし、局あって省なきがごとし」と表現される省益優先主義がはびこっているのはご存じのとおり。これが官僚個人の権益第一主義の体質にまでつながっていきました。権利だけを主張するという悪しき戦後の個人主義教育がさらに拍車をかけ、利権体質の官僚を生み出します。戦後教育の弊害はあらゆる場面におよんでいます。

では、なぜ官僚がこれほどまでに権力を握り、利益をむさぼることができるのでしょうか。

それは、日本の大蔵主導の国家形成に種があります。財源を一手に預かっているのは、大蔵省（現・財務省）です。このシステムにはたいへん欠陥が多く、官僚支配を強固にするための手段に用いられてきました。

まず、予算のうち半分近くが官僚の手の内にあります。二〇〇〇年度の予算をみても八十兆円を超す一般会計のうち、一般歳出は六〇％足らずで、後の国債の利払いや地方交付税は、予算委員会や国会本会議で質疑が行われることはありません。

さらには一般会計とは別に設けられている財投が大きなガンです。財政投融資は、第二の予算と呼ばれるもので、一般歳出をはるかに上回る五十兆円を超える巨額となっています。財投の主な原資は国民の郵便貯金なのですが、この使途については誰もチェックしておらず、官僚の裁量にゆだねられています。つまり郵政省が郵貯として預かった国民の資産を官僚が自由に使える仕組みになっているのです。つまり郵政省が郵貯として

財投は戦後日本の経済復興には役立ちました。その後のいくつかの不況を切り抜けるのにも、貢献しています。しかし、今はその効果、意味がまるでなくなっています。

また、表の予算、一般歳出にしても、大蔵主導、省益優先の国家形成によって無駄遣いの温床《おんしょう》になってしまいました。予算編成時に各省庁から要求される予算項目は膨大です。いかに頭脳明晰《めいせき》な大蔵官僚といっても、そのすべてを十分吟味する余裕はありません。しかも、財源は国民の税金ですから、いくらずさんな使い方をしても、自分たちの懐《ふところ》は一切痛まないし、とがめる者もいません。勢い各省庁の担当者の説明を聴取しただけで、適当に予算をつけていくということになりがちです。

一方、各省庁は各省庁でなるべく予算を分捕りたいため、削減されるのを見込んで、多めに予算を見積もって要求しようとします。官僚の予算分配には監督や監視もないに等しいので、まさにやりたい放題なのです。かくして無駄金がじゃぶじゃぶ使われるのですから、税金を払っているわれわれ国民はたまりません。

憲法違反を平然と行ってきた官僚が三権分立を崩壊させた

しかし、もっと問題なのは、この大蔵主導、省益優先の国家形成が、官僚として憲法違反にまで走らせているという事実です。

平成九年七月三十日付けの朝日新聞で、法政大学の五十嵐敬喜教授がぴしゃりと官僚の憲法違反行為を突いています。

前年十二月六日の衆議院予算委員会で、管直人議員（現・民主党政調会長）が質問に立ち、「行政権の範囲」と「行政権のチェック」に関して、政府に見解を求めました。前者の問題に対して答えた大森内閣法制局長官は、「憲法六十五条の『行政権は、内閣に属する』という意味は、行政権は原則として内閣に属する。逆に言いますと、地方公共団体に属する地方行政執行権を除いた意味における行政の主体は、最高行政機関として内閣である」と述べました。続いて橋本首相が、「行政権のチェック」に関して次のとおり答弁しました。

「内閣の行政権行使の全般にわたりまして政治的責任を、あるいはその政治責任を追及する上での行政監督権というものは、国会は当然のことながらお持ちになっている」

これはまさに政府が官僚の越権行為を認めた答弁だというのが五十嵐教授の指摘です。といっても、みなさん、何のことだかさっぱりわからない方がほとんどだと思います。まわりくどい国会答弁、意味不明の独特の言い回しが、よけいにふたりの答弁をわかりにくくしているので、解説が必要でしょう。

まず、大森内閣法制局長官の答弁です。内閣法制局は、法解釈を一手に独占しています。つまり、憲法をどう解釈するかは、内閣法制局次第で、この長官の答弁がすなわち、現行憲法の解釈となります。

そこで、注目すべきは、大森長官の「地方公共団体に属する地方行政執行権を除いた意味において」という発言です。この発言は、国は地方行政に関しては、権限を持たないことを示しています。憲法九十二条には「地方自治の本旨」という一節があり、地方自治体独自の行政を謳《うた》っています。ところが、これまでの実態はどうだったか。中央の官僚は、地方公共団体への補助金、機関委任事務などを通して、地方自治体の行政をほぼ全域にわたって支配してきました。

つまり、大森長官の発言は、官僚みずからが自分たちの行ってきた行為が憲法違反であると認めたに等しいというわけです。このことは、非常に大きな意味を持ちます。「行政監督権を国会が持つ」との橋本首相の答弁はさらに重要です。みなさんご承知のとおり、憲法では「立法」「行政」「司法」の三権分立を謳《うた》っており、憲法四十一条では「国会は、国権の最高機関であって、国の唯一の立法機関である」と定めています。民意を直接反映できるのは、選挙によって選ばれた国会議員の集まる国会だけですから、主権在民を原則とする現行憲法がこう定めているのは当然です。この憲法の趣旨に従えば、内閣は国会の単なる行政機関にすぎず、官僚は本来、限定された行政権しか与えられていないことになります。

ところが、戦後の憲法解釈では、三権分立の意味を事実上、行政権優位とし、行政権が立法、司法の全域を支配することを黙認してきました。たとえば、法律や政策の立案も、実質的には、官僚が行い、国会答弁に際しても、閣僚は官僚の書いた答弁を棒読みするだけ。内閣総理大臣でさえ官僚にとっては自分たちの代弁者にすぎず、まるであやつり人形をあやつるがごとく内閣をコントロールし、立法権を手にしてきました。つまり、「国権の最高機関」であるはずの立法府・国会より行政府が優位などというごまかしの解釈を官僚みずからが考えだし、それを盾に官僚は立法府まで乗っ取ってきたのです。

国会が行政の監督権を有すると明言した橋本首相の答弁は、こうした現状を根底から否定したもので、官僚の越権行為を政府が認めたということにほかなりません。

官僚は立法権ばかりか、最高裁判所判事の任命権と内閣法制局の法律解釈権を駆使《くし》して、司法権も実質的にはわがものとしています。さらに地方自治体を支配下に治めているのは、言ったとおりですし、許認可権や特殊法人・公益法人などの組織をつくり、産業界・市場をもコントロールしています。

五十嵐教授は、朝日新聞紙上で、かくのごとく明解に官僚の憲法違反を指摘したのでした。

民主主義の原則「三権分立」を崩壊させた官僚政治家と官僚機構。彼らの罪はいくら告発しても告発し切れません。

「戦後政治の総決算」を理念にかかげた中曽根元総理が、一貫して「首相公選制」を提唱してきたのも、根底には官僚支配という戦後の最大の禍根《かこん》を取り除きたいという願いがあったからだと、私は推察しています。

国民の直接投票で選ぶ大統領的な首相なら、派閥間で政権をたらい回しにし、官僚政治家が思うままにふるまうこともなくなります。国民の信を受けた大統領的首相なら、官僚主導体制にも思い切った大鉈《おおなた》を振るえます。

役人の無駄遣いを暴露した愛国者、元運輸事務次官の勇気

財政、規制緩和、地方分権、公共事業、ありとあらゆるところから官僚支配の膿《うみ》が噴出し、日本は行き詰まりを迎えました。しかし、官僚ばかりを責めるわけにはいきません。明治政府は優秀な官僚の育成を国づくりの大きな政策の柱としてかかげました。これが成功し、日本が国際社会に認められるようになったのも事実だからです。

戦後も、しばらくは官僚の力は有効に働きました。日本は資本主義の国だとみなさんは習ったでしょうし、実際、そう思っている方がほとんどでしょう。しかし、実体からいえば、「官僚社会主義」といったほうがふさわしい。行政が産業界を保護育成し、さまざまな規制を通して、市場をコントロールしてきたことが、経済繁栄につながってきました。

ただ官僚主導の社会主義が有効だったのは、昭和四十年代までです。もう官僚主導システムは制度疲労を起こしています。この袋小路から抜け出すには、思い切った行

政改革を断行しなければなりません。

もっとも、官僚機構にメスを入れるのは、そう簡単ではありません。行政改革を行おうとすると、激しい官僚の抵抗にあうからです。族議員といわれる政治家たちが、それにくっつき、結局、行政改革案は骨抜きにされるのが常でした。

ましてや官僚の自浄作用を期待しても、まず無理。官僚OBは、天下った公社公団で高給を取り、辞める時には退職金まで支給される。そんなおいしい立場をみずから改革しようとは誰も思いません。

官僚の中にも私利私欲を排し、気骨を持って国づくりを行おうとしている高潔な精神の持ち主はいます。現在の官僚の横暴を苦々しく感じている官僚OBも、少なからずいるでしょう。しかし、そんな良心的な官僚やOBでも、こと官僚に不利益な行革に対しては、本音はひとまず置いて、反対の立場を取り、阻止しようとします。うっかり協力でもしようものなら、これまで甘い汁を吸ってきた「先輩や後輩たちに迷惑がかかる」からです。

行政の情報をすべて握っているのは当の官僚たちです。官僚たちが結束し、情報を隠蔽《いんぺい》すれば、無駄遣いの実態やシステムの欠陥は、さっぱりわかりません。かくして行政改革は暗礁《あんしょう》に乗り上げ、官僚の牙城はいつまでたっても突きくずせずに終わってきました。

ただ唯一にして最大の成功例は、国鉄の解体・民営化、電電事業の民営化を実現させた中曽根行革です。この時、NTTができていなかったら、日本は現在の通信革命に取り残された可能性が大でしたし、毎月、一千億円以上もの赤字を出し、国家経済を破壊し続けていた国鉄の解体・民営化は歴史に残る偉業です。

実は、この行革成功の裏には、ひとりの官僚OBの勇気ある行動と愛国心がありました。運輸事務次官を務め、昭和五十四年に退官した住田正二さんです。中曽根行革は、昭和五十六年にはじまった土光敏夫会長の第二回臨時行政調査会の答申に基づいて行われたのはご承知のとおりです。住田さんは、この第二臨調に専門委員として参加、国鉄問題を扱う加藤寛・慶大教授（当時・現千葉商科大学学長）の第四部会で国鉄改革にたずさわっています。

当時、財界も政界も官僚OBを第二臨調に入れることには、反対の声ばかりでした。しかし、瀬島龍三さんと加藤寛さんのおふたりが「官僚の協力なくして行革は成功しない」という信念のもと、住田さんら官僚OBの委員就任を要請したのでした。

第二臨調への官僚たちの警戒は非常に強く、隙《すき》あらばつぶそうと狙っていました。そのため元運輸事務次官の住田さんは当初、ほかの専門委員からは霞ヶ関の代弁者とみられていたようです。ところが、住田さんは、初会合で土光会長に抱負を聞かれて、「行政改革は役人をどう抑え込むかが成否の鍵になります」と答えて周囲を驚かせました。

国鉄の問題点、改革の焦点、役人の扱い方は運輸次官だった住田さんがもっともご存じです。住田さんの全面協力で国鉄改革は一挙に進み、到底実現できないといわれた国鉄分割民営化がなったのです。

この間、官僚や官僚OBから住田さんへの風当たりは相当なもので、第二臨調反対派は、住田さんを「国賊」と呼んだほどです。しかし、住田さんは、先輩たちの猛攻に一歩も引かず、部会長代理として瀬島さんと加藤さんの三人トリオで、改革を見事に成功させました。そこにあったのは、住田さんの国の行く末を思う愛国心です。

住田さんは、その後、JR東日本社長、最高顧問として国鉄改革を軌道に乗せるとともに、一貫してご自身の経験に基づき、官の無駄遣い、官僚支配の問題点、官僚組織の欠陥などを告発し続けています。運輸省のトップにあった人物の発言ですから、非常に説得力があり、各方面に投げかけた波紋《はもん》も小さくありません。

住田さんのような愛国心にあふれる官僚OB、現役官僚がいてこそ行政改革は成功します。官僚の協力は、行革には欠かせません。そういう意味でも、住田さんが今までの悪習を破って立ち上がったことは、心ある官僚、官僚OBに勇気を与える大きなきっかけになるはずです。

二十一世紀の扉を開くか「慎太郎革命」

抜本的な行政の構造改革実現に欠かせないのは、政治家の強いリーダーシップです。官の圧力に屈することなく、崇高《すうこう》な理念を持って、改革を断行できる政治家の登場が不可欠です。この点では、今、たいへん心強い動きがあります。

「革新保守」ともいえる勢力がこのところ、メキメキと頭角を現し、政治の主流になりつつあるからです。革新保守とは、保守の本旨《ほんし》に立ち返り、英断を持って正すところは正し、革新を行っていこうという姿勢をつらぬく人々です。

では、二十一世紀の日本を創生するために、大改革を実現し、行政の無駄遣いをストップさせられる政治家は、誰なのでしょうか。

私は、まず四十年来の親しい交遊で、その思想と哲学を熟知している石原慎太郎・

東京都知事を第一にあげたいと思います。

石原さんが都知事になって以来、「慎太郎革命」が旋風を巻き起こしているのは、みなさんご承知のとおりです。都職員の人員整理からはじまり、大手銀行への「外形標準課税」の導入を決定、ほかの地方自治体に大きな影響をおよぼしたばかりか、国政にも波紋を投げかけています。

石原さんは、彼の著書のタイトルではありませんが、「ノー」と言える政治家です。正しいことにはイエス、間違っていることにはノーと明快に言い切る。戦後体質の欠点のひとつは、すでに指摘したようにすべて曖昧模糊《あいまいもこ》にして、惰性《だせい》に流されてきたところにあります。何でもうやむやにし、決断は先送り。この体質が日本を袋小路に追い込みました。殺到している海外からの戦中・戦後賠償の訴えもあります。政治的にも信念をもってピシャリとはねつけるべきははねつける。認めるべきは認める政治家でなければ、つけ入られるばかりです。明快さとスピードは、これからの政治家に要求される絶対条件のひとつです。

石原さんは、政治への情熱も人一倍です。彼が中央政界を去るにあたっては、このような裏話があります。自民党が政権の座を奪われていた平成六年頃のことです。石原さんたちは、政権を政策によって自民党に取り戻そうと、中山太郎（元外相）さんを会長に派閥横断の会「刷新の会」をつくります。この会には、中尾栄一（元建設相）さん、島村宜伸（元文相）さん、亀井静香（前政調会長）さんなどが加わっていて、それこそ朝八時頃から、連日のように激しい議論を戦わせていました。

当時、石原さんは、そうした議論にも、欠かさず参加しながら、一方では、二十一世紀委員会（委員長・橋本龍太郎政調会長＝当時）の委員長代理として、自民党が政権復帰をするための政策提言『二十一世紀への橋』（自由民主党政策大綱試案）をほぼひとりで徹夜を何度もし、執筆していたといいます。

ところが、自民党が政権に復活すると、石原さんの苦労の結晶を執行部は無視同然にし、自民党議員の多くが、政権さえ手に入ればこっちのものとばかり、一顧《いっこ》だにしませんでした。平成七年四月、石原さんが突然、議員を辞任したのは、理念も何もなく、政権に群《むら》がろうとする亡者が多いことに嫌気が差したためだったようです。

いいものはいい、悪いものは悪いと言い切る慎太郎流は、海外とくにアジア各国の首脳も高く評価しています。

まずフィリピンです。石原さんが国会議員在職中に、昭和六十一年のアキノ政権樹立に貢献したことを知っている人は随分少なくなりました。当時、対米従属のマルコス大統領が君臨していたフィリピンは、まだアメリカの占領下に近い状態で、石原さんはアキノ政権樹立に協力する過程で、アメリカの身勝手さを肌身に染みて思い知らされたといいます。彼がアメリカに対して言うべきことをはっきりと言うのは、アメリカの狡猾《こうかつ》さがよくわかっているからです。

石原さんは、アメリカ一辺倒の中にあって、今や日本の救世主……といえば少し持ち上げすぎでしょうか。

それはさておき、アキノ大統領が来日したのは、反マルコスの流れをくむ大統領が石原さんに会いたいがためでした。夫のアキノ上院議員は不幸にして暗殺されましたが、大統領がその遺志をついでいます。大統領の思想と理念を継承する現在の政権も、石原さんには絶大な信頼を置いています。

フィリピンだけでなく、シンガポールのリ・クァン・ユー元首相やマレーシアのマハティール首相をはじめ、ベトナム、インド、香港と、慎太郎ファンはアジア各国の指導者たちの間に広がっています。アジアで評価されている日本の政治家は、中曽根元総理、石原さんのふたりだけといっても過言ではないほどです。

石原さんが痛烈に批判している中国にしても、ホンネでは、事実は事実としてはっきり言える石原さんを認めていて、心ある指導者の一部は彼をぜひ一度自国に招待したいと考えています。あやまちや行きすぎも指摘せず、中国の太鼓持ちかのように近づいてくる日本の政治家を中国の指導者はちっとも評価してはいません。自分たちに都合がいいから、表面上認めているふりをしているだけです。中国というところは建前とホンネが違います。

むしろ、中国が評価するのは、ピシッと問題点を指摘してくれる人間です。私は、中国の社会科学院の名誉教授を拝命していますが、就任にあたっては、「本当のことしかいわないが、それでもよろしいか。時には、中国に耳ざわりの悪いことを言うかもしれない」と条件をつけました。すると中国側は「それで結構だ」という。実に中国は懐《ふところ》の深い国です。奥が深すぎて、つかめないこともよくあります。

中国の要人たちは石原さんを招いて、ホンネを語り合いたいと考えている、と石原さんに伝えると、「いま、行っちゃうと一服毒を盛られるからちょっと行けないなぁ」と笑っていました。

アジアの国々は、大きな関心を持って日本の政治家を注視しています。彼らの見方は実に冷静で、自国の利益になる相手かどうかという外交上の観点とは別に、政治家の本質を見抜いています。問題点をきちんとつける日本の政治家がアジアの重要な役割をになってくれることを知っています。中曽根元総理、石原さんの評価が高いのも、おふたりとも問題の核心をよくご存じだからなのです。

前東京都知事の青島幸夫さんは、都の官僚に押し切られ、公約はお題目に終わり、結局、ほとんど何もできずに都庁を去りました。

しかし、石原さんは、官僚の抵抗にいくら合おうが、やるべきことはやる政治家です。知事は選挙民から直接選ばれた地方自治体の首長です。中央政界のように与野党の思惑に振り回されることもありません（首相公選制が必要なのもこのため）。自分さえやる気になれば、いくらでも改革を断行できます。

今後も石原さんは、思い切った政策を次々と打ち出してくれるはずです。

慎太郎革命は国政の流れも変えそうです。都知事の任期が満了すれば、今度は国を改革するために、国政に返り咲くという可能性もなきにしもあらずでしょう。

第八章　二十一世紀の日本、どこへ行く

生きている司馬遼太郎の「魂」

作家の司馬遼太郎さんは、歴史小説の大家であったばかりでなく、日本の文化・政治の深部にまで想いをはせた哲学者でもありました。

明治時代の日本が、なぜ、あれほど活力にあふれていたか、司馬さんは『「明治」という国家』という録音テープの第六巻で「道徳的緊張」という言葉を使って、こうおっしゃっています。

「(道徳的緊張が)官吏にも国民にもあった。これが明治時代の特徴である。

道徳的緊張、まあ、普通の言葉でいうとモラルのことですけれども、単にモラルというと道徳だけということになりますが、やはりひとつの緊張、道徳的緊張——これが明治という時代をつくったのですから、これならどこの国の人に聞いていただいても普遍的なものですから——その道徳的緊張のみが、つまり、その社会を変えたり、その社会をちゃんとしたものにしたり、するものらしいなと……。

そうすると今の日本の場合はどうですかと、すぐそんな話になると生臭いものになりますので、とにかく私たちの祖父、曾祖父がつくった国家というものを切り離して、単独のサンプルとして、人類のひとつの遺産として、くどくど語ってきました。当時三千万の人口がありました。三千万人がなにか道徳的緊張を持ったのではないか、それが明治の〝奇跡〟をつくったのではないかと思います」

司馬さんは、明治の日本人を通して武士道を高く評価されていました。質実さと節度、ものを冷静に見る認識力、公的なものへの謙虚さ、自助の心……無私の精神で国家に貢献しようとする日本民族の古来の武士道精神が大きなエネルギーとなって明治の潑剌《はつらつ》とした国家をつくりあげてきた、と説き、晩年には、それがなくなっている日本の国の行く末を心底、案じられていたといいます。

司馬さんが、お亡くなりになる半年ほど前、「二十一世紀に生きる君たちへ」と題したすばらしい文章を書きのこしていらっしゃいます。これは、題名からもうかがえるように、二十一世紀の世界の子供たちへのいわば司馬さんの遺言です。その一節を紹介します。「人間は、自分で生きているのではなく、大きな存在によって生かされている」と前置きして、メッセージが続きます。「君たちは、いつの時代でもそうであったように、自己を確立せねばならない。――自分に厳しく、相手にはやさしく、という自己を。そして素直でかしこい自己を。21世紀においては、特にそのことが重要である。21世紀にあたっては、科学と技術がもっと発達するだろう。科学・技術が、洪水のように人間を飲み込んでしまってはならない。川の水を正しく流すように、君たちのしっかりした自己が、科学と技術を支配し、よい方向に持っていって欲しいのである。

右において、私は『自己』ということをしきりに言った。自己といっても、自己中心に陥《おちい》ってはならない。人間は助け合って生きているのである。私は、人という文字を見るとき、しばしば感動する。斜《なな》めに画が互いに支え合って、構成されているのである。そのことでも解《わか》るように、人間は、社会をつくって生きている。社会とは、支え合うという仕組みということである。

原始時代の社会は小さかった。家族を中心とした社会だった。それが次第に大きな社会になり、今は、国家と世界という社会を作り、互いに助け合いながら生きているのである。自然物としての人間は、決して孤立して生きられるようには創られていない。

このため、助け合う、ということが人間にとって、大きな道徳になっている。助け合うという気持ちや行動のもとのもとは、いたわりという感情である。他人の痛みを感じることと言ってもいい。やさしさと言い換えてもいい。『いたわり』『他人の痛みを感じること』『やさしさ』みな似たような言葉である。この三つの言葉、もともと一つの根から出ているのである。根といっても、本能ではない。だから私たちは訓練をしてそれを身につけねばならないのである。その訓練とは、簡単なことである。例えば、友達が転ぶ。ああ痛かったろうな、と感じる気持ちを、そのつど自分の中で作りあげていきさえすればよい。この根っこの感情が、自己の中でしっかり根づいていけば、他民族へのいたわりという気持ちもわき出てくる。君たちさえ、そういう自己をつくっていけば、21世紀は人類が仲よしで暮らせる時代になるのに違いない。

鎌倉時代の武士たちは、『頼もしさ』ということを、大切にしてきた。人間はいつの時代でも頼もしい人格を持たねばならない。人間というのは、男女とも、頼もしくない人格に魅力を感じないのである」

資料を収集し、数々の歴史小説を執筆していく過程で、司馬さんは活《い》き活《い》きとした〝明治という国家〟にふれ、その時代の人々の息吹《いぶき》を感じました。しかし、それは同時に戦後日本の精神の荒廃、日本人の魂の喪失をのぞく作業でもあったのではないでしょうか。そして、心底、日本の将来が心配になった。司馬さんが子供たちに贈ったメッセージには、一方で現在の社会をつくり、構成する現代日本人への絶望感が隠されているように思えてなりません。

しかし、日本人の魂は失われていなかった。日本民族に深く刻まれた「もののふのDNA」は見事に生きていました。今となっては、戦後、日本人のDNAがしばし休眠していただけのように思えます。

いま、憲法改正論議が盛り上がり、戦後体質を振り払おうと、多くの政治家たちが立ち上がり、国民もそれを支持するという気運が生まれています。これは、私たちの中に眠っていた日本民族のDNAが動きはじめたからだと私は考えたい。司馬さんがいう「道徳的緊張感」が日本人のDNAの発現によって、よみがえりはじめたのだと。

毎年、年始には、多くの老若男女が初詣《はつもうで》に出かけます。誰に教えられたわけでもないのに、明治神宮や川崎大師といったメッカには、百万人単位の参拝客が訪れ、頭《こうべ》をたれます。戦後、日本人の伝統が失われた後も、これだけはずっと変わらずにきました。神仏などを信じていない現代っ子も、普段は渋谷の街をうろついている若者たちも、お正月には連れ添って初詣をします。

宗教心うんぬんは別にして、日本人のDNAには神や自然といった人知のおよばない大きな存在に対する畏敬《いけい》の念が宿っています。司馬さんがいう「人間は生きているのではなく、生かされている」ということを知っています。ただ平素はすっかり忘れてしまいますが、正月にはDNAに導かれて、私たちは初詣に出かけます。昨今のうねりを見ていると、この日本人の遺伝子がやっと本来の役割を取り戻しはじめたという気がします。

そして、それは司馬さんの魂がもたらした賜物《たまもの》だともいえそうです。司馬文学は司馬さんの死後も広く読まれています。そこには、幕末や明治の気概ある日本人の姿が躍動し、歴史や文明への深い洞察が隠されています。

司馬さんの歴史観や日本論は、日本指導者にも多大な影響を与えています。中曽根元総理は歴史小説、文明論を問わず、司馬さんの大ファンで、すべての著書を読破していますし、瀬島さんもその歴史観、国家観を非常に尊重し、日本の国を考えるときの指標のひとつにしていらっしゃいます。

四十年ほど前でしたが、お亡くなりになった歴史小説家の山岡荘八さん、中曽根元総理、棋士の升田幸三さんらと同席したことがありました。当時、山岡荘八さんがおっしゃった言葉がいまでも鮮明に思い出されます。

「われわれの祖先には、こういう立派な人物がいたことを、日本人とは何かを、みんなに知ってもらいたくて、いま『徳川家康』を書いている。もうひとり、実は書きたい人物がいるんだよ。坂本龍馬なんだ。でも、寿命を考えると、龍馬は無理かもしれない」

山岡さんは、『徳川家康』を書き上げて、精も根もつきたのでしょう。結局、龍馬を描くことなくお亡くなりになりました。しかし、山岡さんの志は司馬さんに受けつがれ、龍馬の志は、司馬さんの手で書かれた『竜馬がゆく』で現代によみがえりました。司馬さんの志も、山岡さんの志も、坂本龍馬の志も、今なお生き続けている。国の行く末をうれいながら、亡くなっていった先人たちの魂と志が私たちのＤＮＡを永い眠りから目覚めさせようとしているのだと私は解釈しています。

日本人、ひとりひとりが「志」を持って、立ち上がる時がきた

私たちの祖先は、涙と貧困の中で神社仏閣を建て、鎮守の森をつくり、日本の国を守ろうとしてきました。どこの地方にも神社仏閣や鎮守の森があるのは、先人が清貧に甘んじ、子孫のために守り神としてのこしてくれたからです。日本民族の叡智《えいち》です。ところが、現代人は、わが民族や先祖に対する感謝の念がない。これでは、まとも

な政治や社会が生まれるはずがありません。

今、政治、宗教、経済戦争があらゆるところで勃発しています。

たとえば、現在、中国がもっとも恐れているのは、イスラム教です。中東はもちろん、アフリカ、中央アジア、東南アジアとイスラムは勢力を拡大しています。インドネシアでも、イスラム教徒のワヒド大統領が実権を握り、まさにイスラムは一大国家になろうとしている。中国にとっては最大の脅威です。

一方、金融戦争はますます激化、日本は格好の餌食《えじき》として狙われています。北方領土返還など外交でも、まだ解決していない問題が山積みです。日本の危機は、いや増すばかりなのですが、日本人のほとんどがこの事態に気づこうとはせず、安穏と平和をむさぼっています。ただ唯一、産経新聞が警告を発するのみ。世界の動きは、一昔前と比べれば格段にスピードアップしています。のんびり構えている余裕などありません。曖昧模糊《あいまいもこ》では国がつぶれてしまいます。

国づくりにみんなが真剣に取り組まなければなりません。政治家も企業も、国民も立派な国づくりに今すぐ着手しなければ、明日の日本はありません。なのに道筋がまだできていない。中曽根元総理や瀬島さんでなくとも、心が痛みます。

今、私たちは二十〇世紀と二十一世紀の分水嶺《ぶんすいれい》に立っています。二十一世紀を間近に控え、政治、経済、文化、あらゆるものが混迷の中にあります。ここで思い切った転換を日本が図れるかどうかが今後の日本の命運を分けるでしょう。

一筋の光明はさしはじめているとはいえ、その光量はまだまだ足りません。今こそひとりひとりが志を持って立ち上がる時です。

国家経営、国づくりは、政治家や官僚たちに任せておくべきものではありません。国民主権なのですから、原点は国民ひとりひとりの志です。個々人が国として人として正しく生きる道を考え、それが総意となって国のビジョンができあがります。そして、理想の国家に向かって、みんなが力を合わせる。この過程で自己確立や自己実現は達成されます。今こそ、自分たちの中に眠るＤＮＡを呼び起こし、二十一世紀の日本をみんなの手で築くべく立ち上がろうではありませんか。

忠孝の国、日本こそが二十一世紀のパラダイムを創出できる

志とは字のつくりをみてもわかるように、「もののふの心」です。昔の武士たちは、

欲望に流されず、高い理想に燃えて隠忍《いんにん》自重し、自分を律してきました。志とは我慢をする心、忍耐できる気持ちだともいえます。理想に向かって、自分を犠牲にしてでも、突き進む勇気です。そこには私利私欲や、個人の利害を考えるという不純な気持ちの入り込む余地はありません。

これは日本民族の最大の美徳であり、ほかの国にはない特徴です。しかし、日本とお隣の中国や韓国は、同じ儒教精神を持つ国だといわれています。しかし、中国や韓国とはただひとつ異なる点があります。

たとえば中国人は、何よりもファミリーを大切にします。国や社会よりも家族のきずなが優先です。韓国でも、目上の親や祖父母は何にもまして敬《うやま》い、大事にしなければならない存在で、孝行心《こうこうしん》が人々の規範になっています。

日本でも「孝」が重要な柱になっていることには変わりありません。しかし、中国や韓国の儒教が「孝」だけで終わっているのに対し、日本では「忠」が加わり、「忠孝」という考え方になりました。「忠」とは、血縁を超えて、社会や国家に尽くそうという精神です。

この忠孝の教えが、明治の維新の武士たちを生み、明治というたぐいまれなる発展の時代を築きました。親子愛、兄弟愛だけでなく、公徳心、愛国心をもたらしました。

日本人ならではの強い精神力も、「忠心」がその源です。

日本には「大義名分」という言葉もあります。人の行くべき道を踏み外してはならないという考え方です。この四字熟語は、道理の通らないものには屈せず、正しい道を歩めという教えを含んでいます。

志とは、すなわち忍耐を持って、国や社会を正しい道に導く精神です。忠義の心や大義というこの日本人独自の精神的支柱は、戦時中、軍部によって悪用され、戦後アメリカによって否定されましたが、本来は悪ではありません。日本人が世界に誇りうる崇高な精神です。ただ使い方が悪かっただけです。

正しい道を探り、道理に合わないことはやらない。公に奉仕できる。この日本の忠孝の精神が復活し、日本が世界のリーダーシップを取れるようになれば、世界のパラダイムは大きく転換するはずです。

「文化経済国家」「技術開発創造国家」「平和国家」「外交立国」に向かって

みなさんが二十一世紀のビジョンを考えるヒントとして、私の構想を述べておきたいと思います。

二十一世紀の日本の国家理念として、

一、誇りある歴史と伝統文化の長所を守りつつ、健全で活力に満ちた国家、社会にする

二、地球的視野に立って、他国のことを考える国際国家として、世界とくにアジア諸国の協力者として行動する

三、世界と時代の流れに即応、対処するため、不断の改革を志向することを国家、社会の存続、発展の基本とする

があげられます。

この理念を達成するために、当面の国家戦略として次の五点を据えました。

一、たくましく、やさしい柔軟な国づくり……自分の国を誇りの持てる国家にしなければ、世界の誰もその国家に敬意を払いません

二、自主憲法の制定……すでに述べたように改正論議も大切だが、「自分たちの憲法は自分たちで作る」が基本です

三、教育改革……教育改革の基本は、制度、組織などの対応にあるのではありません。あくまで礼儀、身だしなみ、思いやり、親孝行、祖先崇拝、人間としての生きる基本の論理、哲学を子供たちに教えることが大切です。戦後教育の最大の欠陥は、この目的を見失っていたことにあります。すなわち、公共心、道徳心を養う「徳育」が重要です

四、技術開発国家……経済は高度情報化経済に対応するため、世界一の「技術開発国家」を目指します

五、強力な政治体制の構築……一から四の戦略を実行・実現するためには、強力な政治体制を作り上げなければなりません。革新的新保守勢力の大合同による強力な

安定政権です

そして、二十一世紀に日本が目指すべき国家像として、次の四つを提案したいと考えています。

ひとつは、「たくましく、やさしい文化経済国家」。

日本が世界に誇れるものに、日本人の文化力があります。それが象徴的に表れているのは食文化です。世界のどこの国を回っても、日本ほど多種多様な料理が存在する国は見あたりません。伝統の日本料理はむろん、フランス料理、中華料理、イタリア料理、タイ料理、韓国料理……世界中の料理が食べられます。

しかも、そのまま調理法を受け入れるのではなく、日本風にアレンジされ、より磨かれているのが日本の特徴です。日本の食文化が世界に与えた影響は計り知れません。たとえば、料理の最高峰で、何でもあるといわれる中華料理で、今もっとも高級な料理のひとつに数えられているのが伊勢エビの刺身です。ところが五千年の歴史を誇る中華料理にも、つい最近まで生で魚介類を食べる習慣がありませんでした。伊勢エビの刺身は日本の料理から取り入れたのです。中国の留学生や政府関係者も、「日本に来て、はじめてラーメンのよさがわかった」というほど、日本の中華料理は洗練されています。中華だけでなく、お菓子文化も同様だと聞きました。

料理をひとつとっても、日本人の文化咀嚼《そしゃく》力の高さが表れています。明治維新、あれほどいちどきに西洋の文化がワッと押し寄せたにもかかわらず、日本が伝統の文化を失わなかったのも、日本人の異文化咀嚼《そしゃく》力の高さがあったからこそです。それどころか、日本は西洋の文化をうまく自国の伝統文化と融合させ昇華《しょうか》しました。この排他的ではないすぐれた日本の文化力を生かし、単なる功利的な国家ではない文化国家をつくり上げ、経済的にも発展していこうというわけです。

二つめは、「技術開発創造国家」。

日本の異文化咀嚼力は、技術にも生かされています。加えて日本人の教育水準の高さ、知力が技術立国・日本を築き上げました。この卓越した技術開発力による創造的な国家を目指し、世界に貢献していきます。

三つめは「世界唯一の被爆国としての平和国家」。

自国だけが平和をむさぼるという意味ではありません。世界で唯一の被爆国として、現在の戦争経済で動いている二十世紀のパラダイムから地球全体の平和を基軸としたパラダイムへと導く役割を日本がになうのです。そのためには、外交が欠かせません。

したがって四つめは「外交立国」。

したたかな外交を展開するアメリカや中国などの大国と、五分に渡り合うためには、外交力をもっとつける必要があります。外交はとどのつまり、国ごとの違った考え方をお互いがぶつけ合い、交渉を行うことですから、日本の基軸、軸足がしっかりしていないと外交力も発揮できません。

「子孫に美田を残さず」から「子孫のために、〝志〟を残す」

大半の新聞は伝えませんでしたが、産業新聞にアメリカの有名な某シンクタンクの世界各国の国力に対する評価がのったことがあります。確か二年ほど前です。記事によると、日本の総合的な国力は十四位まで落ちていました。一九九二年の同評価では、世界一の経済大国・日本は、あらゆる面で一位にランクされていました。国際競争力、金融力、労使関係、技術力、行政など個々の評価で高得点を得、堂々たる総合力ナンバーワンの座にかがやいていました。ところが、それから七年たった九八年には十四位まで転落していたのです。

ちなみに一位はシンガポール、二位はアメリカ。東南アジアでは四位に韓国がランクされていました。

おそらく、みなさんのほとんどが、落ちぶれたとはいえ、アメリカにはかなわずとも、日本は韓国などには負けていない、アジア地域ではトップの国力を持っていると思っていらっしゃったのではないでしょうか。少なくともヨーロッパ各国と肩を並べているぐらいに考えているはずです。ところが、世界の客観的な評価はかくのごとしです。現実にも、ここ数年、国際入札ではことごとく敗れており、国際競争力の低下は顕著です。国際的には、すでに恐るべき日本の地盤沈下がはじまっているのです。

こんなことをいうと、「国民の貯蓄額が千三百兆円もある日本がそれほど低い地位であるはずがない」と反論したくなる方もいるでしょう。

たしかに今は平面的には、日本は大金持ちです。しかし、それは今という瞬間を取ればそうなるというだけのことで、これがいつまでも続くわけではありません。実際、アメリカは、日本がやがて没落するのは承知で、日本人の資産を今、狙っています。金融ビッグバンがここ数年騒がれていますが、日本人からすべて巻き上げれば、海外の金融機関は、さっと日本から撤退していくはずです。

今、日本で何が起こっているか。金融ビッグバンはどんな意味を持つのか。それ以前にさかのぼり、ロッキード事件やリクルート事件、ゼネコン汚職の真相はどのようなものであったのか。これらのテーマについてはやがて述べる機会があると思います。

いずれにせよ、志なき国家形成がもたらしたのは、一時的な経済の繁栄だけでした。二百年、三百年という歴史のスパンから見れば、ほんのつかの間のあだ花にすぎません。瞬時の経済的繁栄のために、日本人は数百年にわたって先人が築いてきた伝統の精神を売り、志を捨てました。

西郷南洲（隆盛）は、「子孫に美田を残さず」との教えを残しました。先輩たちは、子孫に美田は残した。しかし、その結果がどうであったか。夢を失い、利己的な考え方だけで生きる根なし人間をたくさん生み出しただけです。美田を残すだけでは、子供たちの精神は荒廃していくばかりです。「子孫のために、二十一世紀の日本のビジョンを残す」（ビジョンとはすなわち志です）……これがこれからの親の務めではないでしょうか。いや、この世に生を授《さず》かった私たちの責務です。かわいい孫やまだ見ぬ、――見られぬかもしれない――孫たちの子や子孫への。

今日この日から、みなさんが志を持って立ち上がり、百年後には、「地球維新・人類維新を成し遂げた日本」――世界中からそうたたえられる祖国・日本となっていることを願ってやみません。

あとがき

私たち日本人は、戦後、偽りの歴史の中で生きてきました。終戦後、しばらくは、占領軍政策による欺瞞の歴史に、大半の日本人が憤り、日本の将来を憂慮し、いつかは正しい歴史を取り戻さなければならないと考えていました。しかし、時が経ち、昭和四十年代に入ると未曾有の高度成長時代に突入、人々は経済活動に血道をあげるようになり、民族として最も肝心な歪められた歴史の修正を忘れてしまいました。そのうちにも、GHQの教育政策で育った戦後世代が社会の中軸を占めるに至り、誤った歴史観が正史にすり替わっていった。そして、今では大方の日本人が、偽りの歴史を真実の歴史だと思い込んでいます。だが、歴史をなおざりにしては民族の魂は荒廃します。国の繁栄もありません。今、日本が凋落の一途を辿っている最大の原因は、正しい歴史観なき日本人の横溢にあるといっても過言ではありません。

しかし、日本人の叡智は死に絶えたわけではなかった。国の安危がかかる瀬戸際にまで追い詰められた今、戦後日本の誤謬と欺瞞を本能的に察知する人々が現れ始めています。窪塚洋介君という若手の人気俳優がいます。窪塚君は日韓初の同時上映で話題を呼んだ日韓の合作映画、『GO』で二〇〇二年三月、日本アカデミー賞主演男優賞を史上最年少で受賞しました。彼がその受賞の席でインタビューに答えて語った言葉が印象的です。

「日本に生まれ、日本に育った僕は日本の良さを堂々と主張できる日本男児になりたい。石原慎太郎さんの本で、戦後の日本がおかしくなったのは、歴史がねじ曲げられたせいだと知りました。もう一度、歴史を勉強しなければならないと感じた。日本を立派にするために生きていきたい」

親や社会や学校では教えない歴史の真実に、正しい歴史観を持つ先輩の著書に触発されて二十二歳の青年が気づく。これは今の日本の深刻な危機を雄弁に物語ると同時に、日本人の叡智が、この危機に直面して発動し始めたという印象的な出来事です。私は窪塚君の言葉を日本の断末魔の叫び声として、また断崖絶壁から甦らんとする日本民族の叡智の声として聞きました。真実の歴史なきところに、立派な日本人は生まれません。日本人全体が、この原点に立ち返る必要があります。とくに学者、教育者、大学の総長……歴史教育に関わった指導者的立場の人々は反省すべきところは反省し、真実の歴史を明らかにすべきです。

日露戦争戦勝の立役者、東郷平八郎海軍元帥は、明治三十八年、連合艦隊を解散にあたって「平和な時こそ軍人は鍛錬を怠ってはいけない。そして時代に取り残されないように技術の進歩を常に図っておかなければならない。一勝に満足して平和に安閑としている者はただちにその栄冠を取り上げられるであろう」との訓辞を残しています。

この偉大なる先人の助言に大正、昭和の軍人も政治家も耳を傾けず、驕り高ぶり鍛錬を怠って勝算のない戦争に突入していきました。そして敗戦。現代の日本人は先の戦争の意味さえわからず、日本が悪だったと信じ切っています。東京裁判を初めとする、巧妙な占領政策によって完全に洗脳され、自虐史観に浸されて日本人としての精神の基軸を失ってしまいました。自分たちの歴史観が誤りなどとはつゆも自覚のない政治家、役人、言論人があふれている現状を見るにつけ、ただただ情けなく思う。

ただ、望みはあります。一部、戦後文明の誤りに気づいている見識のある政治家も存在しているからです。窪塚君のような若い世代の中にも、真実の歴史に目覚め始めた若者が出始めた。こうした覚醒した人々が結集して、新しい二十一世紀の日本を創造していくことこそ、日本が甦る唯一の道です。日本が虚飾の国家としてこのまま衰退していくか、それとも世界史に名をとどめる輝かしい国として再生できるか、今、私たち日本民族は歴史的な分水嶺に立たされています。

私の盟友である評論家の竹村健一さんは「歴史を軽んずる者は歴史に罰せられる」という至言を好んで使われる。本当の歴史を知らずして、正常な政治も文化も経済も親子関係も築けません。日本民族二千四百年の歴史の中で、先人が営々と築いてきた佳き伝統、文化という精神遺産を戦後半世紀余りの間に日本人はすっかり雲散霧消させてしまいました。今、先人たちの魂に私たちは罰せられています。

真実の歴史を後世に伝える。これは私たちの務めです。悠久なる時の中で、この世に命を授かった私たちの。ひとりでも多くの読者の方々が、子や孫、ご主人、奥さん、友人、知人にと、正しい歴史観の輪を広めていただけるよう願ってやみません。

二〇〇二年六月吉日

前野　徹

著者紹介

前野　徹（まえの・とおる）

1926年東京生まれ。50年日本大学法学部卒業。読売新聞社、東京新聞を経て、60年東急グループ総帥の五島昇氏に東京急行電鉄の秘書課長としてスカウトされ、五島氏の懐刀として政界、財界、マスコミなどの対外折衝役として活躍する。70年東急エージェンシー常務、専務、副社長を歴任し、81年より11年にわたり社長として業界13位から電通、博報堂につぐ3位までに躍進させる。また95年、アジア経済人の大同団結を目指した経済団体、アジア経済人懇話会を設立し、理事長となる。各分野の勉強会の提唱者として、若手起業家から創業経営者まで多くの集まりを主宰するほか、国会議員、経済人などの政策勉強会の代表世話人としても活躍した。
また、首都圏最大級の露天風呂「四季の湯温泉」を経営する高根グループ会長、健身健康法教育学院理事長などを務めた。2007年死去。
人生の信条は、「歴史を軽んずるものは、歴史から罰せられる」。著書に、「他人の良さ、自分の良さの活かし方」（かんき出版）、「目ざめよ日本」（サンラ出版）、「第四の国難」（扶桑社）がある。

戦後　歴史の真実

発行日　2002年6月30日第1刷
　　　　2014年7月20日第26刷

著　者　前野　徹

発行者　久保田 榮一
発行所　株式会社 扶桑社
東京都港区海岸1-15-1　〒105-8070
TEL.(03)5403-8859(販売)　TEL.(03)5403-8870(編集)
http://www.fusosha.co.jp

印刷・製本　文唱堂印刷株式会社
万一、乱丁落丁の場合はお取り替えいたします。

ISBN4-594-03592-2　C0195
Printed in Japan（検印省略）
定価はカバーに印刷してあります。